पोआमा से माथो

(यात्रा-वृतान्त)

चन्द्रगुप्त शौर्य

s/o स्व. श्री राम नरेश सिंह

अमेरपुरा, नौबतपुर, पटना (बिहोर)

पोआमा से माथो (यात्रा- वृतान्त)-हिंदी (1-300)

Publisher:
Notion Press Media Pvt. Ltd.
#7, Red Cross Road, Egmore, Chennai, TN-600008 Tel.044 46315631

Cover Design:

Ishank C Shaurya, M301, BPTP PF-1, Sector-77, Fariabad

Proof-reading:
Shiv Shankar Prasad,
Nisarpura, Naubatpur, Patna

Price: Rs. 300/- (Three Hundred Rupees Only)

आभार

यात्रा-वृतांत **'पोआमा से माथो'** में बिहार के एक गाँव से लद्दाख के एक गाँव तक मोटरसाईकिल यात्रा का वर्णन किया गया है | यह पुस्तक पंद्रह चैप्टर में बटा है, सभी चैप्टर में यात्रा के दौरान हुई अलग-अलग परेशानियों और सहूलियतों का जिक्र किया गया है | इस यात्रा-वृतांत को आप तक पहुचाने में सहयोग के लिए सर्वश्री शिव शंकर प्रसाद, निसरपुरा, कौशल किशोर सिंह, अमरपुरा, विकास कुमार, लोदीपुर,   गुंजन कौशल, अमरपुरा, शशि कुमार, पोआमा, विकास कुमार उर्फ़ मोनू, काला भगवानपुर का धन्यवाद करता हूँ | मेरी इस यात्रा के लिए ऑफिस से छुट्टी मंजूर करने के अपने अधिकारियों का भी शुक्रगुजार हूँ जिनके कारण मैं इस लम्बी यात्रा पर्र जा सका. अंत में, मैं 'नोशन प्रेस', चेन्नई को इस पुस्तक प्रकाशित करवाने के लिए ऑनलाइन सुविधा प्रदान करने के लिए धन्यवाद ज्ञापित करता हूँ.

आशा है मेरी अन्य रचना की तरह यह यात्रा-वृतांत भी हमारे पाठकों और शुभचिंतकों को अवश्य पसंद आएगा | आप अपने विचार - आलोचना chandragupt.shaurya@gmail.com पर अवश्य भेजें |

धन्यवाद |

चन्द्रगुप्त शौर्य

विषय -सूची

पोआमा से माथो (यात्रा-वृतांत)

भूमिका

सैर कर दुनिया की गाफिल जिंदगानी फिर कहां
जिंदगी गर कुछ रही, तो ये जवानी फिर कहां

-ख़्वाज़ा मीर 'दर्द'

गाँव पोआमा, बिहार के एक सुदूर देहात, से भारत के उत्तरी छोर के लद्दाख के पैन्गोंन झील तक बाइक से जाना एक रोमांचकारी सपनों जैसा लगता है. करीब करीब पैतीस सौ से छतीस सौ किलोमीटर की बाइक यात्रा सोच कर ही रोमांच के साथ-साथ भय का भी अनुभूति होती है. हमारे ग्रुप में छह लोग थे दो लोग कौशल जी और शशि जी को तो घुमक्कड़ कहें तो अतिश्योक्ति नहीं होगी, ये दोनों हमेशा घुमने जाने के लिए तैयार रहते हैं. ग्रुप में एक और महारथी हैं विकास कुमार उर्फ़ मोनू (प्रमेन्द्र दयाल के भांजा) यह तीनों लोग करीब ग्यारह साल (2011) पहले भी अमरपुरा (पोआमा से पांच किमी उत्तर) से दिल्ली होते हुए देहरादून, मसूरी तक बाइक यात्रा कर चुके थे, किंतु यह यात्रा कुछ अलग था क्योंकि इस यात्रा के रास्ते उतार-चढ़ाव के साथ मौसम के उतार-चढ़ाव से भी सामना होना था. एक बात और कौशल

जी और शशि जी दोनों कोरोना से पीड़ित रह चुके हैं. कौशल जी करीब दो महीने में पटना एम्स में भर्ती रहे, उनका फेफड़ा करीब करीब जवाब दे चुका था, किंतु इन्होने अपने आत्मबल और हिम्मत से वे अपने को इतना समर्थ कर लिया कि ऊंचाई वाले स्थान पर जहां ऑक्सीजन की कमी रहती है बाइक से जाने का प्लान कर लिया | यात्रा प्लानिंग की शुरुआत में इन लोगों ने कभी सपने में भी नहीं सोचा था कि मैं भी शामिल हो पाऊंगा इस मोटरसाइकिल यात्रा में | शुरू में कौशल जी, प्रमेन्द्र भैया, सिन्हा जी, प्रताप लाल जी, चुनमुन जी ने बाइक यात्रा में चलने का प्लान किया, लेकिन बाद में विकास जी, गुंजन और विनीत भी इसमें शामिल हो गए | किन्तु विनीत की तबियत खराब होने के कारण अंतिम लिस्ट में नहीं आ सका.

अंततः, इस यात्रा में, मेरे साथ कौशल जी, शशि जी, विकास जी, मोनू और गुंजन का शामिल होना निश्चित हो गया. मैं अपने अधिकारियों के मार्फ़त और सरकारी बैंक एवं नाबार्ड के पब्लिक रिलेशन ऑफिसर के मार्फत श्रीनगर, लेह , पहलगाम, कारगील, पैन्गोंन इत्यादि जगहों में रुकने के लिए

सस्ते लॉज/ होटल का प्रबंध करने का कोशिश कर रहा था किंतु सफलता नहीं मिल पा रही थी.

इसी बीच हमारे अधिकारी श्री जितेंद्र असाती, निदेशक, वित्तीय सेवाएं विभाग ने अपने प्रयास से लेह में हमें पांच दिन ठहरने का उचित प्रबंध करवा दिए. लेह में ठहरने की व्यवस्था हो जाने से हमारी टीम को माथो, नुब्रा भैली, पैन्गॉन लेक इत्यादि जगहों पर घूमना आसान लग रहा था .मोनू ने भी अपने अधिकारियों के सहयोग से बडगाम रेलवे स्टेशन के गेस्ट हाउस में, जो श्रीनगर के पास है, ठहरने का व्यवस्था कर ली थी .

जब हम यात्रा कर रहे थे या प्लानिंग कर रहे थे, इस तरह का यात्रा -वृतांत लिखने का कोई विचार नहीं था. किन्तु जब मैं वापस यात्रा से लौटा, तो यह महसूस हुआ.

यात्रा पर जाने से पहले हम सभी ने अनेक यू-ट्यूब देखा और अनेक लेख और रिव्यु पढ़ा, अनेक पूर्व यात्री से संपर्क किया था.

हमारी लद्दाख यात्रा 24 मई से शुरू होकर 11 जून 2022 तक, कुल उन्नीस दिनों की यात्रा थी. यह

पोआमा से शुरू होकर, लखनऊ, दिल्ली, पानीपत, पठानकोट, पहलगाम, श्रीनगर, गुलमर्ग, कारगिल, लेह, माथो, पैगोंग, मनाली, कुल्लू होते हुए गुजरी थी.

इस पुस्तक को कौशल जी, शशि जी, विकास जी, मोनू और गुंजन से कई बार वार्तालाप के बाद तैयार किया गया है तथा उनके अनुभव को इसमें शामिल किया गया है. मुझे नहीं पता आगे हम इस तरह की यात्रा कर पाएंगे या नहीं, लेकिन लद्दाख यात्रा का हमारा अनुभव इस पुस्तक में वर्णित हूँ. अंत में मैं यही कहूँगा कि सैर करने वाले घुमक्कड़ और जिन्दगी को मौज की तरह जीने वाले फक्कड़, ही जिन्दगी के परेशानियों को पहाड़ों के वादियों और समुद्र की लहरों में उड़ेल देते हैं |

धन्यवाद |

चन्द्रगुप्त शौर्य

पोआमा और माथो

पोआमा, हां यही नाम है गाँव का, जहाँ से यह यात्रा शुरू हुई, हालाँकि इस गाँव का आधिकारिक नाम 'पोआवां' है, लेकिन बोलचाल की भाषा में 'पोआमा' कहते हैं, यह एक छोटा सा गांव है, यहां करीब तीन सौ घर है जिसमें करीब 2000 लोग रहते हैं यह गांव पुनपुन नदी, के पश्चिम तट पर अवस्थित है. गांव से नदी किनारे तक आम, अमरूद जैसे फलदार वृक्षों के बगीचा से भरा है. यहाँ बहुत घनी आबादी है, लोगों के घर एक दूसरे से एक दम सटे हुए हैं. गली पतली सी है , कहीं-कहीं तीन साढे तीन फीट चौड़ी है. यहां का मुख्य व्यवसाय खेती है और मुख्य फसल धान, गेहूं, मक्का और दाल| आपको यहाँ पोस्ट ऑफिस, प्राथमिक विद्यालय, मध्य विद्यालय और उच्च विद्यालय मिल जाएगा. जब तक पुनपुन नदी पर नसोपुर पुल नहीं बना था यहां के निवासियों को अपने प्रमुख बाजार नौबतपुर जाने में बहुत दिक्कत होती थी. हालांकि यह मसौढ़ी प्रखंड में पड़ता है इसका पंचायत ख़राट पंचायत है, पोआमा मसौढ़ी से 10 किलोमीटर दूर है जबकि नौबतपुर लख से 8 किलोमीटर दूर है. यह गांव पटना से करीब 35 किलोमीटर दक्षिण की ओर अवस्थित है. इसके पड़ोसी गांव सर्वदही और जगदीशपुर है. इस गांव में नली और गली दोनों पक्के बने हैं. हालांकि यहाँ के निवासी मुख्यत: हिंदू धर्मावलंबी हैं लेकिन चार-पांच घर बौद्ध धर्मावलंबी भी है. यहां आपको शिव मंदिर के साथ-साथ देवी मंदिर भी मिलेगा. हाल ही में एक बौद्ध मंदिर का भी निर्माण किया गया है.

श्री शशि जी, जो पोआमा गाँव के मूल निवासी हैं, बताते हैं कि पोआमा गांव आजादी के समय आदर्श गांव हुआ करता था, स्वर्गीय लाल धर प्रसाद सिंह अपने समय के बड़े वकील हुआ करते थे, उन्होंने किसानों के लिए पुस्तकालय, लाल धर प्रसाद सिंह किसान पुस्तकालय बनवाया था, जिसके टूटी अलमारी और कुछ पुस्तके आज भी मिल जाएगा। हिंद अभिनय संघ, एक नाट्य संस्था भी इस गांव में हुआ करता था. यहां की मुख्य भाषा मगही एवं हिंदी है. इस गांव के सारे घरों में नल जल योजना के तहत नल से जल उपलब्ध कराया जा रहा है किंतु लोगों का कहना है इस गांव में नल जल योजना की कोई जरूरत नहीं थी क्योंकि अधिकतर घरों में हैंडपंप लगा है कई परिवार तो मोटर की व्यवस्था करके अपने टंकी में पानी पहुंचाते हैं |

हमारी मोटरसाइकिल यात्रा लक्ष्य स्थान **माथो, लेह** था, जो पहलगाम श्रीनगर होते हुए करीब चौबीस सौ किलोमीटर दूर है पोआमा से. चूकि हम लोग गांव से ही हैं अतएव हम लोग लक्ष्य स्थान एक गांव **माथो** को बनाया | यह श्री जामयांग शेरिंग नामग्याल माननीय सांसद, लद्दाख का जन्म स्थल है. श्री नामग्याल के द्वारा संसद में 6 अगस्त 2019 को अनुच्छेद 370 पर दिए गए भाषण के बाद हम लोगों के चहेते बन गए थे, इसलिए जब हमें लक्ष्य स्थान लद्दाख में चुनने का मौका मिला तो हमने माथो को चुना. माथो लेह से करीब 25 किलोमीटर दूर दक्षिण दिशा में अवस्थित है. यहां बहुत ही विरल आबादी रहती है. मुझे नहीं लगता है सौ परिवार भी यहां रहते होंगे और अधिकतम आबादी 300 होगी. माथो गांव लेह जिले के चुहुट ब्लॉक में पड़ता है. यह गांव चारों तरफ शानदार पक्की रोड से घिरा है. यहां की मुख्य पेशा खेती है. यह गाँव कम से कम 4 से

5 किलोमीटर फैला हुआ है. यहां के निवासियों के घर एक दूसरे से दूर बने हैं और खेत सीढ़ीनुमा हैं |

यहां के निवासी बौद्ध धर्म को मानते हैं. यहां के मंदिर को गोम्पा कहा जाता है. माथो गोम्पा इतना बड़ा बिल्डिंग है कि माथो की पूरी आबादी उसमें आ सकते हैं. गोम्पा सबसे ऊंची पहाड़ी पर स्थित है, इसके बड़े से हॉल में भगवान बुद्ध का प्रतिमा है. इसी इमारत में पुजारी को रहने की व्यवस्था है, गोम्पा के ऊपरी छत पर पतले पतले मीनार सा आकृति बना है जिस पर सोने की परत चढ़ी है, जो दूर से चमकता रहता है . पास ही बहुत बड़े लकड़ी के खंभे पर बौद्ध धर्म का झंडा, जो अनेक रंगों का होता है, लहराते रहता है. इस गांव में प्राथमिक विद्यालय है, यहां जम्मू और कश्मीर ग्रामीण बैंक का ब्रांच भी है. यहां के निवासी हिंदी भाषा समझ रहे थे और बोल भी रहे थे हालांकि बोलने का टोन थोड़ा अलग उर्दू सा था. हमें यहां परचून की दुकान भी दिखाई दिया जिसमें बिस्किट, नमकीन, लेज इत्यादि बेचा जा रहा था. हम लोग माननीय सांसद श्री नाग्याल के घर भी आए, बड़े से अहाते में मकान था. गेट और अंदर के दरवाजे सारे खुले थे. घर में किसानी के सामान जैसे कुदाल खुरपी पंप इत्यादि रखे थे लेकिन वहाँ हमें कोई नही मिला. हमने कई आवाज लगाई किंतु कोई मिला नहीं. ऐसा लग रहा था घर के सारे लोग खेती के काम से बाहर गए थे. ऐसा भी लग रहा था कि लोगों को चोरी का डर नहीं रहता है इसलिए दरवाजे खुले थे. अहाते में कुछ दूरी पर एक कुत्ता जिसका रंग काला था बाल घने थे, रस्सी से बंधा था ,जो हम लोगों को देख कर धीरे आवाज में भो. भों कर रहा था. हमने श्री नाग्याल के घर के सामने खड़े होकर फोटो खिचवायी.

यहां ज्यादातर घर बड़े से अहाते में बने थे, सारे घर पर पक्के थे, कुछ घरों की दीवार का प्लास्टर भी था. कोई घर मिट्टी का नहीं मिला. यहां हमें पंचायत घर मिला, किसी किसी घर के सामने गाय भी बंधी दिखी थी |

(2)

हम और हमारी बाइक

हम लोग छह मोटरसाइकिल यात्री थे, हमारे एक सहयात्री श्री कौशल किशोर सिंह थे, जो एक हॉस्पिटल चलाते हैं तथा अमरपुरा गाँव के रहने वाले है |

आपकी प्रारम्भिक पढ़ाई **गोमो, झारखण्ड** में हुई है. आपका हॉस्पिटल पुनपुन मसौढ़ी रोड पर गवसपुर गाँव के पास है. इस फोटो में कौशल जी **डल** लेक में शिकारा का आनंद ले रहे हैं.

दूसरे यात्री श्री शशि कुमार थे, जो प्राथमिक विद्यालय बेलागंज , गया में शिक्षक है.

शशि जी का गांव का नाम पोआमा है. जो मसौढ़ी प्रखंड में पड़ता है . इन्होंने अपनी पढ़ाई-लिखायी **निसरपुरा लॉक (लख) पर** रह कर पूरी की है. शशि जी **बेताब** वैली, पहलगाम में कबूतर से खेल रहे हैं.

तीसरे यात्री श्री विकास कुमार थे | वे लोधीपुर गांव के रहने वाले हैं, जो पुनपुन थाना में पड़ता है.

विकास जी कौशल जी के साले है. विकास जी कौशल जी के साथ मिलकर हॉस्पिटल चलाते हैं. यह तस्वीर **रैंचो स्कूल**, लेह की है .

हमारे चौथे सहयात्री श्री विकास कुमार उर्फ मोनू थे, मोनू भारतीय रेलवे में नौकरी करते हैं और मानसरोवर पार्क, दिल्ली में रहते हैं, इनके गांव का नाम काला भगवानपुर है जो नौबतपुर थाना में पड़ता है.

आपकी पढ़ाई –लिखाई लखनऊ में हुई है, आपने अपनी बचपन नानी घर अमरपुरा में बिताया है. यह तस्वीर गुलमर्ग की है.

हमारे ग्रुप के सबसे छोटे साथी, उम्र 23 वर्ष, श्री गुंजन कौशल थे, जो श्री कौशल जी के लड़के हैं अभी एम. ए. की पढ़ाई कर रहे हैं .

आप एम. ए. की पढ़ाई के साथ- साथ अपने पापा को हॉस्पिटल चलाने में सहयोग भी करते हैं, यह तस्वीर वॉर मेमोरियल, कारगिल की है.

मैं चन्द्रगुप्त शौर्य उर्फ विनोद, भारत सरकार के वित्त मंत्रालय में नौकरी करता हूं और वर्तमान में फरीदाबाद में निवास करता हूं । यह तस्वीर लेह की है.

हमारे ग्रुप का औसत उम्र 38 वर्ष था | कौशल जी, गुंजन औरमेरे गाँव का नाम अमरपुरा है, जो नौबतपुर प्रखंड, पटना में पड़ता है. यह गांव पटना से 20 किलोमीटर दूर दक्षिण में अवस्थित है, और यह नौबतपुर नगर पंचायत में पड़ता है. अमरपुरा गांव में एक संस्था **कुमार प्रतिभा प्रतिष्ठान** है, जो आज गाँव में प्रत्येक वर्ष खेल-कूद एवं सांस्कृतिक कार्यक्रम कराता है, जिसके कारण यहां के लोगों के बीच आपसी सौहार्द बना हुआ है | हम लोग छह यात्री थे और तीन मोटरसाइकिल |

कौशल जी के पास 220cc का बजाज पल्सर बाइक था जो 7 साल पुराना था. दूसरी मोटरसाइकिल विकास जी का 350cc का इनफिल्ड बुलेट था. और तीसरी बाइक भी 350 cc इनफिल्ड बुलेट मोनू का था | मोनू इस यात्रा से मात्र 1 महीने पहले इस बुलेट को खरीदा था. मोनू के पापा श्री कामेश्वर प्रसाद आर्मी से रिटायर्ड है इसलिए मोनू ने अपना बुलेट मिलिट्री कैंटीन से खरीदा था. कौशल जी और विकास जी का मोटरसाइकिल कुछ पुराना था, इसलिए यात्रा शुरू करने से पहले वे लोग पूरी तरह से आश्वस्त हो जाना चाहते थे कि मोटरसाइकिल में कहीं खराबी न आए. इसलिए इन्होंने मोटरसाइकिल की अच्छी तरह से सर्विस कराई | इंजन आयल, ब्रेक शू तो बदलवाया ही, चेन-चेन-स्पोकलेट और टायर भी बदलवाये. विकास जी के बुलेट में ट्यूबलेस टायर नहीं था तो इतनी लम्बी यात्रा को देखते हुए उन्हें ट्यूबलेस टायर लगवाना पड़ा. इसतरह विकास जी को अपने 4 साल पुरानी बुलेट के लिए करीब रु 20,000 खर्च करना पड़ा. विकास जी को इतनी लम्बी यात्रा के लिए सामान रखने के लिए रु 2000 में लद्दाख कैरियर भी लगवाना पड़ा.

कौशल जी के पल्सर के लिए लद्दाख कैरियर पटना में नहीं मिला | ये लोग अपने साथ पंक्चर बनाने का किट भी रख लिए थे.

(3)

अमरपुरा से तेलीबाग, लखनऊ

लद्दाख यात्रा का पहला पड़ाव तेलीबाग, लखनऊ था.

लद्दाख यात्रा की प्लानिंग फरवरी 2022 से शुरू हो गई थी. यह तय किया गया था कि मई में यात्रा पर जाना है इसका एक मुख्य कारण यह था कि भले ही बिहार-उत्तरप्रदेश में मई-जून में गर्मी बहुत पड़ती है, तापमान 45 डिग्री तक पहुँच जाता है, किंतु लद्दाख में जाने का यही समय अच्छा है, लद्दाख में मई महीने में रात का न्यूनतम तापमान -10 डिग्री सेल्सियस तक गिर जाता है, जबकि दिन का तापमान 10-15 डिग्री सेल्सियस रहता है. बहुत ऊंचाई पर होने के कारण लद्दाख साल के सात-आठ महीने पूरी तरह वर्फ से ढका रहता है. एक कारण यह भी था कि उस समय शशि जी के स्कूल में गर्मी की छुट्टी होती है.

लद्दाख यात्रा की प्लानिंग भी आसान नहीं थी. हमारे ग्रुप में तीन लोग कौशल जी, शशि जी और मोनू घुमक्कड़ थे. किन्तु प्रारंभिक प्लानिंग में मोनू नहीं थे. कौशल जी और शशि जी अमरपुरा लख पर मिलते रहते हैं. वे दोनों कहीं भी घूमने के लिए हमेशा तैयार रहते हैं. कौशल जी लद्दाख यात्रा के बारे बहुत कुछ सुन रखा था, इसलिए उनके मन में लद्दाख की मोटर साइकल से यात्रा के लिए तीव्र इच्छा थी . शशि जी से बात करने पर वे भी कौशल जी के साथ चलने के लिए तैयार हो गए. फिर क्या था दोनों लोग यूट्यूब और सम्बंधित वेबसाइट खंगाल दिये और मन-ही-मन तैयारी करने लगे. और वे अपने कल्पनाओं में लद्दाख में विचरने लगे.   किंतु मात्र दो लोग के लिए इतनी लंबी मोटर

साइकिल यात्रा, कुछ जच नहीं रहा था, फिर कौशल जी ने अपने साले विकास जी से इस संबंध में बात की विकास जी के पास बुलेट बाइक था तो कौशल जी को लगा कि वे तैयार हो सकते थे. अंततः विकास जी साथ चलने के लिए तैयार हो गए. लेकिन विकास जी को तैयारी से कोई ज्यादा मतलब नहीं था, वे अपने मेडिकल क्लिनिक में पहले की तरह काम करते रहे,. विकास जी से पहले कौशल जी और शशि जी लद्दाख यात्रा अपने दोस्त प्रमेन्द्र जी, प्रताप लाल जी, चुनमुन जी, रमेश जी , मुकेश जी (टर्मा), सिन्हा जी को भी बता चुके थे , सभी लोगों ने शुरू में इसके लिए हामी भरी थी, किंतु अंत में अपने निजी कार्य एवं व्यस्तता के कारण लद्दाख मोटरसाइकिल यात्रा में शामिल नहीं हो पाए.

कौशल जी बताते हैं इस यात्रा हेतु अब तीन व्यक्ति तैयार थे किंतु प्रश्न उठा कि एक मोटरसाइकिल पर एक ही व्यक्ति क्यों जाए ? इसमें पेट्रोल तो उतना ही लगेगा, फिर एक और यात्री क्यों न साथ चले? लद्दाख यात्रा की जानकारी कौशल जी के बेटे गुंजन को हुई | उसकी भी लद्दाख यात्रा पर जाने की इच्छा थी किंतु वह अपने पापा से कह नहीं पा रहा था. इसका माध्यम उसकी मम्मी बनी. कौशल जी इसके लिए तैयार नहीं थे. वास्तव में मोटरसाइकिल यात्रा बहुत लम्बी थी. और ज्यादा लम्बा इन्जोयमेंट बोझ हो सकता है. साथ ही सभी लोग मोटरसाइकिल दुर्घटनाओं को सुनते रहते हैं. इसलिए कौशल जी यात्रा के दुष्प्रभाव की वजह से गुंजन को अपने साथ नहीं ले जाना चाहते थे. फिर भी गुंजन के दृढ इच्छा शक्ति के आगे झुकते हुए कौशल जी तैयार हो गए. कौशल जी बताते हैं कि मुझे एक डर मन में समा गया था कि हम दोनों बाप - बेटा एक साथ यात्रा पर जा रहे

हैं यदि कोई दुर्घटना हो जाता है तो हमारा परिवार ही खत्म हो जाएगा इसलिए हमने मन में यह तय कर लिया था कि हम एक गाड़ी पर कभी नहीं बैठेंगे.

कौशल जी और उनके ग्रुप को अब लगने लगा था कि लद्दाख यात्रा का सपना जरुर पूरा होगा. इसी बीच मोनू को इनकी लद्दाख यात्रा के बारे पता चला, उसने अपने मामा जी (प्रमेन्द्र दयाल) से संपर्क किया. कौशल जी के ग्रुप को कोई आपत्ति नहीं थी. मोनू तो घुमक्कड़ था, उसकी भी लद्दाख बुलेट से जाने की इच्छा बहुत पहले से थी. उसकी जैसे मन की मुराद पूरी हो रही थी. उसने भी इसके लिए तैयारी कर ली. उसने अपने पापा श्री कामेश्वर प्रसाद, भूतपूर्व सैनिक, के सहयोग से लद्दाख यात्रा के लिए 350 सीसी का एनफील्ड बुलेट ख़रीदा. इस ग्रुप में विनीत (धर्मेन्द्र दयाल के पुत्र) भी जुड़ गया. उसने भी पूरी तैयारी कर रखी थी, उसके पास भी अपना बुलेट है. किन्तु अंत समय में तबियत ख़राब होने की वजह से वह इस यात्रा का हिस्सा नहीं बन सका. मैं विकास उर्फ़ मोनू, जो दिल्ली में रहता है, से दिल्ली में अक्सर मिलता रहता हूँ, उससे बातें भी होती रहती है. जब मोनू ने मुझे लद्दाख यात्रा के बारे में बताया तो मैं उससे कहा कि यदि तुम्हारी बाइक पर सीट खाली हो तो मुझे बताना मैं भी चलूंगा. लद्दाख यात्रा की प्लानिंग पूरी हो चुकी थी, तब यात्रा से करीब 20 दिन पहले मुझे मोनू ने बताया कि आप चाहें तो मेरी बाइक पर लद्दाख यात्रा के लिए चल सकते हैं. मैं लद्दाख यात्रा के लिए वैसे उत्सुक नहीं था जैसी उत्सुकता कौशल जी और मोनू को थी. फिर भी मुझे मौका मिला तो मैं भी तैयार हो गया. मैं मोनू को यही बता दिया कि मुझसे बुलेट चलाने की अपेक्षा नहीं

करना, मैं पीछे ही बैठूँगा. मोनू बोला, "कोई बात नहीं मामा जी, मैं अकेले ही चला लूँगा."

लद्दाख यात्रा के लिए स्पेशल खरीदारी शुरू हो गई. माइनस 10 डिग्री वाला जैकेट, अच्छा हेलमेट, बैग, वाटर कंटेनर (पांच लीटर डब्बा) इत्यादि अनेक जरूरत की वस्तुएं खरीदी गयी . गर्मी में लू से बचने के लिए पतला टी शर्ट खरीदा गया जो पसीना सोख सके, नाइट विजन चश्मा, नी गार्ड, लेग गार्ड इत्यादि अनेक वस्तुएं खरीदी गई. शशि जी ने एक कंटेनर (बर्तन) खरीदा जिसमें चना भिगोकर अनेक दिन तक रखा जा सकता था और दुर्गंध भी नहीं आती थी.

मुझे बाइक चलाना तो आता है लेकिन मैं बुलेट जैसा भारी-भरकम बाइक नहीं चलाया था, मेरा पैर छोटा है, इसलिए बुलेट चलाना मेरे लिए कठिन था. मैं लद्दाख मोटरसाइकल यात्रा के लिए तैयार हो गया था किन्तु ग्रुप में किसी को विश्वास नहीं हो रहा था कि मैं भी लद्दाख यात्रा ग्रुप में शामिल हो पाऊंगा. अब मुझे बीस दिनों के अंदर ऑफिस से छुट्टी लेना था और कम से कम 2 सप्ताह के लिए. मैं लद्दाख मोटरसाइकिल यात्रा का जिक्र अपने अधिकारियों से किया तो उन्हें भी विश्वास नहीं हो रहा था जब मैंने उन्हें बताया कि हमारे गांव के दोस्त जा रहे हैं और मैं उनके बाइक पर बैठकर जाऊंगा तब उन्हें विश्वास हुआ. उन्होंने मेरी छुट्टी मंजूर कर दी. मैं अपने बच्चों इशु और ईशा से भी बात की, वे दोनों ख़ुश हो गए. अब मैं भी लद्दाख यात्रा की तैयारी में लग गया. मैं करीब पचास वस्तुओं का लिस्ट बनाया, इसमें जरूरी दवाई भी शामिल थी इसमें बहुत वस्तुएं घर पर उपलब्ध थी और कुछ खरीदनी पड़ी, चूकि आवश्यक सामान कहाँ से खरीदनी होगी , मुझे इसकी जानकारी नहीं थी, मैंने अपने

सहयात्री मोनू को कुछ रुपये दे दिए थे अपने लिए आवश्यक वस्तुएं खरीदने के लिए.

कौशल जी और विकास जी क्लीनिक चलाते हैं, इसलिए उन्होंने अपने साथ मेडिसिन का एक बड़ा किट रख लिया था . वे बताते हैं कि इसमें इतनी तरह की दवाइयां थी कि यदि कोई दुर्घटना भी हो जाए उसे प्राथमिक उपचार आसानी से दिया जा सके, इनकी दवाइयों में पेट दर्द, गैस, बीपी, शुगर इत्यादि के अलावा इमरजेंसी के लिए डिस्पोजेबल सिरिंज, ट्रेक्सोल-एस,डाइमैक्स इत्यादि दवाइयां भी थी. इन्होने कैंची और ऑपरेशन करने का औजार भी रख लिए थे.

इतनी लंबी यात्रा की तैयारी सामान जमा करने और वीडियो देखने तक ही सीमित नहीं थी . रास्ते में खर्च के लिए पैसे की बात हो रही थी, अंदाज यहीं लगाया गया कि प्रति व्यक्ति बारह-पंद्रह हजार रुपए खर्च होंगे, यदि रात में ठहरने की व्यवस्था हो जाए तो उससे कम पैसे में भी हो जाए. यह भी तय किया गया कि बाइक का पेट्रोल का खर्च बाइक पर सवार करने वाले यात्री उठाएंगे और बाइक मेंटेनेंस का खर्च बाइक ऑनर करेंगे. रास्ते में अन्य खर्च के लिए सभी यात्री बराबर-बराबर राशि एक यात्री को दे देंगे जो आवश्यकता पड़ने पर बिना झिझक खर्च कर सके. जो सामान पटना/नौबतपुर या ऑनलाइन मिल गया उसे उसे खरीद लिया गया और बाकी खरीदारी जैसे ब्यूटेन गैस, चूल्हा, कैम्प करने का टेंट, फोल्डिंग बेड इत्यादि दिल्ली में खरीदने का प्लान किया गया. इसके लिए अलग से दो दिन 26 और 27 मई को रिजर्व रखा गया. यह भी तय किया गया कि 24 मई को सुबह चलकर शाम में लखनऊ (तेली बाग), जहाँ मोनू के मम्मी –पापा रहते है, रात में रुकना है, फिर सुबह 25

को चलकर रात में मोनू के घर (मानसरोवर पार्क, दिल्ली) रुकना है और दिल्ली से 28 मई को सुबह यात्रा प्रारम्भ करनी है |

हां ! अब पुनः चलते हैं कौशल जी, विकास जी और अन्य दो यात्रियों की तैयारी देखने. कौशल जी, विकास जी और गुंजन अपने मेडिकल क्लिनिक गवसपुर में रहते हैं, जबकि शशि जी पोआमा से आकर निसरपुरा लॉक (लख) पर बने अपने घर में रहते हैं. आपस में तय यह किया गया कि 24 मई 2022 को सुबह 4:00 बजे अमरपुरा लख पर प्रताप लाल जी के दुकान के सामने मिलना है. विकास जी आगे बताते हैं कि हम लोग तो तैयारी कर ही रहे थे, घर के सभी सदस्य भी तैयारी कर रहे थे, वे तरह- तरह के सुखी- पकवान, जो ज्यादा दिन तक खाया जा सके बनाने में लगे थे , निमकी, ठेकुआ, सत्तू भरी लिट्टी, सत्तू भरा रोटी इत्यादि अनेक पकवान बनाए, 23 मई को रात में दो बजे ही जागकर कौशल जी की पत्नी ने सुबह और रास्ते के लिए पूरी- सब्जी बनाई. रात में आकाश में बादल भी छाए थे. रात में वे तैयारी के चलते देर से सोए और सुबह 3:00 बजे तक कौशल जी और सभी लोग जाग गए, नित्य कर्म करके नहाने ही जा रहे थे कि 3:15 बजे के आसपास जोरदार वर्षा शुरू हो गई.

कौशल जी बताते हैं कि ऐसा लग रहा था आज की बारिश हमारी यात्रा में खलल डाल कर रहेगी . किन्तु 4:00 बजे वर्षा बंद हो गई. सामान की पैकिंग और लोडिंग तो 23 मई के रात को ही हो गयी थी . बाइक की तेल टंकी भी फुल था. सामान बांधने का जिम्मा कौशल जी और गुंजन जी ने अपने जिम्मे ले लिया था जबकि सारे सामान इकट्ठा करने का जिम्मा विकास जी का था. जैसे ही वर्षा बंद हुई और आश्वस्त होने पर कि आगे वर्षा की संभावना कम हो गई है, कौशल जी, विकास जी और गुंजन

अपनी प्रतीक्षित लद्दाख यात्रा पर निकल गए. करीब 15 किलोमीटर चलने के बाद, वे लोग अपनी निश्चित स्थान प्रताप लाल जी के दुकान के सामने 4:25 बजे पहुंच गये. शशि जी को गुंजन उनके घर से लेकर आ गया. एक बाइक बजाज पल्सर पर कौशल जी और शशि जी जबकि दूसरी बाइक बुलेट पर विकास जी और गुंजन सवार थे. यहां लखपर पूरी टीम को बधाई एवं विदाई देने के लिए सिन्हा जी, प्रताप लाल जी, नरेंद्र जी, रमेश जी, चुनमुन आदि अनेक लोग पहुंच चुके थे. कौशल जी और टीम अपने पैर पर लेग गार्ड, नी गार्ड, दस्ताना ,हेलमेट, चश्मा लगा कर पैक थे ऐसा लग रहा था कि वे अंतरिक्ष यात्री हैं और अंतरिक्ष यात्रा पर जा रहे हैं|

पल्सर और बुलेट दोनों बाइक पर सवार लद्दाख यात्री अपने सफ़र पर 4:45 बजे सुबह निकल गए. बुलेट पर लद्दाख कैरियर लगा था इस पर बैग के अलावा 5 लीटर वाला कैन पानी से भरकर रख लिया गया था. वे लोग नौबतपुर से बिहटा-समसेरा रोड पड़कर बिहटा होते हुए कोईलवर 1 घंटे में पहुंच चुके थे. फिर आगे बढ़ते हुए बक्सर के पास वे लोग गंगा नदी पार कर गए, पखनपुरा के पास मोटरसाइकिल यात्री पूर्वांचल एक्सप्रेस पकड़ लिए. पूर्वांचल एक्सप्रेस पर आते ही करीब 8:30 बजे थोड़ा आराम और ब्रेकफास्ट के लिए रुके. रास्ते में चलते समय यह तय कर लिया था कि बाइक की स्पीड अधिकतम साठ-सत्तर किलोमीटर प्रति घंटा रखना है और एक दूसरे के बीच इतना दूरी अवश्य हो जिससे कि एक दूसरे को देख सके. पूर्वांचल एक्सप्रेस पर रुकते ही विकास जी नाश्ते का पैकेट निकाले सभी लोग पूरी सब्जी के लुफ्त उठाए. आसपास गुजरने वाले लोग उनकी ड्रेस और बाइक पर लगे समान को देखकर ठिठक जाते

थे. करीब चालीस पैतालीस मिनट आराम करने के बाद बाइक के राइडर बदल गए और अगली मंजिल पर चल दिए. रास्ते में एक बार बाइक की टंकी फुल करवाई. पूर्वांचल एक्सप्रेसवे बना है बहुत शानदार . किंतु जब टोल पर टोल टैक्स देना पड़ता था तो अखर जाता था. करीब-करीब एक रुपए प्रति किलोमीटर.

बाइक का औसत स्पीड चालीस किलोमीटर प्रति घंटा थी करीब 5 से 6 घंटा पूर्वांचल एक्सप्रेस पर चलने के बाद करीब 1:30 बजे यह काफिला रुका . 40 डिग्री सेल्सियस में बाइक पर चलना बहुत ही दुश्वार हो रहा था लेकिन हमारे बंधू ने तैयारी अच्छी कर रखी थी, हाथ में दस्ताने के साथ-साथ फुल शर्ट पहने हुए थे. पूरी तरह पैक होने के कारण गर्म हवा का एहसास कम होता था किंतु जैसे ही यह लोग 2 बजे रुकने पर गर्मी बर्दाश्त से ज्यादा लग रहा था. कैन में रखा पानी भी उबल रहा था लेकिन बैग में रखे बड़े बोतल का पानी कुछ ठीक था. करीब आधे घंटे में पूरी सब्जी खाने के बाद पानी पीकर चल दिए. प्यास तो लगती थी लेकिन पेशाब की तलब नहीं हो रही थी. पूर्वांचल एक्सप्रेस पर गाड़ियां सांय-सांय भाग रही थी, कार की स्पीड 100 किलोमीटर प्रति घंटा से अधिक ही प्रतीत हो रहा था. ट्रैफिक रोड पर बहुत कम था. रोड के किनारे कोई पेड़ नहीं दिखता है, सिर्फ चिल-चिल्लाती धूप और रोड पर मृग मिरिचिका, जो सड़क पर पानी का अहसास करा रहा था. बाइक में ब्रेक और क्लच लगाने की जरूरत ही नहीं, बस एक्सीलेटर पड़े रहिए, बाइक अपने आप अस्सी के स्पीड पर पहुंच रहा था. हालांकि तय किए गया था कि 70 के स्पीड से ज्यादा नहीं जाना है किंतु अच्छी रोड के चलते स्पीड 80 तक पहुंची रहा था. कभी-कभी

तो इच्छा हुई थी कि 100-120 के स्पीड चलने की, लेकिन लद्दाख यात्रा सोचकर रुक जाते थे.

करीब 2 घंटे चलने के बाद ही वे लोग लखनऊ शहर में प्रवेश कर चुके थे. गूगल मैप और लोगों से पूछते-पूछते तेलीबाग मोहल्ला मोनू के घर पर करीब 4:30 बजे पहुंच गए. मोनू के मम्मी-पापा और छोटे भाई इन लोगों के आवभगत करने के लिए तैयार बैठे थे. कौशल जी, शशि जी, विकास जी और गुंजन का गर्मजोशी से स्वागत हुआ था. थके हारे तो थे ही, ये लोग रात में जल्दी सो गए ताकि सुबह फिर 4:00 बजे दिल्ली के लिए निकल सके.

4

लखनऊ से मानसरोवर पार्क, दिल्ली

चूकि टीम को गर्मी के कारण 25 मई को सुबह 4:00 बजे निकलना था, सुनीता दीदी (मोनू की मम्मी) सुबह 3:00 बजे ही जाग गईं और घी का पराठा और आलू का भुजिया बना दीं, जाने से पहले खाने के लिए भी और रास्ते के लिए भी. चूकि सुबह-सुबह खाना खाया नहीं जाता, इन्होने रास्ते के लिए खाने का पैकेट रख लिया. एक और बात शशि जी अपने साथ चने का सत्तू, नमक, निम्बू और डिस्पोजल ग्लास रख लिए थे, गर्मी और लू के कारण यह तय कर लिया गया था कि सुबह-सुबह निम्बू पानी या सत्तू शरबत अवश्य पीना है, ताकि शरीर में पानी की कमी नहीं हो. इसलिए आज से ही टीम का निम्बू पानी पीना शुरू हो गया.

बाइक से सिर्फ जरूरत के सामान ही उतारे गए थे इसलिए सुबह तैयारी में देर नहीं हुई अपने निश्चित समय 4:00 सुबह बुलेट और पल्सर अपने अगले पड़ाव के लिए चल पड़े. रास्ते में टूटी सड़क एवं गली के कारण, जो भी बाधाएँ आयी, वह लखनऊ टाउनशिप में था, जैसे ही लखनऊ एक्सप्रेस वे पर वे लोग आए गाड़ियां फराटे भरने लगी. कोई रोक-टोक नहीं. सुबह की ठंडी हवा और रास्ता खाली.

लखनऊ एक्सप्रेसवे पर दो मोटेल है जहां आप चाय नाश्ता कर सकते हैं, बगल में पेट्रोल, सीएनजी पंप भी है. हमारे

लद्दाख यात्री किसी भी मोटेल पर चाय नाश्ता के लिए नहीं रुके किंतु बाइक में पेट्रोल डलवाने के लिए अवश्य रुके. कौशल जी का बाइक पल्सर तो 40 किलोमीटर प्रति लीटर माइलेज दे रहा था किंतु विकास जी का बुलेट का माइलेज 28 किलोमीटर प्रति लीटर से ज्यादा नहीं हो रहा था. वे लोग यह भी तय किए थे कि 2 घंटे की यात्रा में एक बार अवश्य रुकना है भले ही वह 10 मिनट के लिए ही क्यों न हो. बाइक भी आराम कर लेता है और हमारी टीम भी. अब तक वे लोग 800 किलोमीटर की यात्रा कर चुके थे. लखनऊ एक्सप्रेसवे पर करीब करीब 50 किलोमीटर पर साइड में जगह बना है जहाँ गाड़ी, बाइक रोकी जा सकती है और आराम किया जा सकता है. बीच-बीच में पुलिस की पेट्रोलिंग गाड़ी भी दिख जाती थी. करीब 8:00 बजे दोनों बाइक रुकी. सभी लोग को भूख महसूस हो रही थी. पराठा-भुंजिया अचार तो था ही करीब 45 मिनट तक नास्ता और आराम किए. 9:00 बजे के आसपास लद्दाख यात्री फिर चल दिए. 11:00 बजे ये लोग यमुना एक्सप्रेसवे थे. अब गर्मी बढ़ गई थी इसलिए इन्हें यमुना एक्सप्रेस वे पर चार बार रुकना पड़ा था. हालाँकि टोल बूथ पर पैसा तो देना पड़ता था, किंतु उसी बहाने कुछ आराम मिल जाता था.

करीब 3:30 बजे कौशल जी और पूरी टीम मोनू के फ्लैट मानसरोवर पार्क-2, दिल्ली पहुंचे. मोनू तो अपने ऑफिस में थे, उनकी पत्नी और बच्चे इस टीम का स्वागत किया. दोनों बच्चे अपने मम्मी का आदेश मानते हुए दौड़-दौड़ कर सभी लोग को कभी पानी कभी शरबत दे रहे थे. मोनू भी ऑफिस से जल्दी आ गए. आते ही घर का माहौल बदल गया. मोनू के बेटी **"मिशी'** का जन्मदिन था. फिर क्या था एक पार्टी हो गई. कमरे को सजाने

का काम गुंजन और विकास जी ले लिये. पूरे कमरे को रंग बिरंगे बैलून से सजा दिया. करीब 8:00 बजे रात में केक कटा. फिर पुड़ी-सेवई और तरह तरह के पकवान.

इधर मैं भी अपनी लद्दाख यात्रा और पहली बाइक यात्रा की तैयारी में लगा था. मैं भी खरीदारी के लिए ओल्ड फरीदाबाद स्टेशन के पास स्थित डेकाथलन शोरूम गया. वहां से मैंने दस्ताने,स्माइली बॉल और एक बड़ा सा बैग खरीदा. मैं बड़ा सा फ्लेक्स बैनर भी बनवाया जिसमें **पोआमा से माथो** का रूट मैप था और सभी यात्री का नाम के साथ फोटो था. इसका उद्देश्य यह था कि जहां भी रुके वहां अपने बाइक पर फैला दें ताकि लोगों को पता चल सके कि हम लोग लद्दाख जा रहे हैं. इसके अलावा मैंने सभी लोग के लिए फोटो आईडी बनवाया जिस पर पता के साथ मोबाइल नंबर भी लिखा था.

मैं अपने अधिकारियों के मार्फ़त और सरकारी बैंक एवं नाबार्ड के पी आर ओ के मार्फ़त पहलगाम, कारगिल, श्रीनगर , लेह, पैन्गोंन इत्यादि पर रुकने के लिए सस्ते लॉज/ होटल का प्रबंध करने का कोशिश कर रहा था किंतु सफलता नहीं मिल पा रही थी.

इसी बीच हमारे अधिकारी श्री जितेंद्र असाती, निदेशक, वित्तीय सेवाएं विभाग ने अपने प्रयास से **लेह** में हमें 5 दिन ठहरने का उचित प्रबंध करवा दिए. लेह में ठहरने की व्यवस्था हो जाने से हमारी टीम को माथो, नुब्रा भैली, पैन्गोंन लेक इत्यादि जगहों पर घूमना आसान लग रहा था .मोनू ने भी अपने अधिकारियों के

सहयोग से **बडगाम** रेलवे स्टेशन के गेस्ट हाउस में, जो श्रीनगर के पास है, ठहरने का व्यवस्था कर ली थी .

एक और ठहरने की व्यवस्था कुल्लू में हो गयी, मोनू के दोस्त श्री विकास लक्ष्मण कुमार जी, जो प्रगतिशील मंच, दिल्ली के सदस्य हैं, जो सेन्ट्रल बैंक ऑफ़ इंडिया, कुल्लू में मेनेजर है, ने अपने यहाँ शरण देने के लिए तैयार हो गये.

26 मई 2022 को मोनू अपने ऑफिस, नई दिल्ली रेलवे स्टेशन चले गये. कौशल जी और पूरी टीम करोल बाग चले गए. वहां सबसे पहले उन्होंने ऐसा बाइक मेकेनिक ढूंढा जो लद्दाख कैरियर **पल्सर** में लगा सके .बुलेट के लिए तो लद्दाख कैरियर रेडीमेड मिलता है लेकिन पल्सर के लिए नहीं. दुकानदार से बारगेनिंग के बाद ₹5000 में लगाने को तैयार हुआ. लेकिन इसे पल्सर में फिट करने में शाम हो गई और फिर पेंट करने और सुखने में रात के आठ बज गये. 27 मई को भी सभी लोग करोल बाग गये. वर्क लोड के कारण, मोनू को आज भी ऑफिस जाना पड़ा, लेकिन वह मोबाईल पर सलाह दे रहा था. कौशल जी और शशि जी ने करोल बाग से अनेक वस्तुएं खरीदी, जैसे:

- 2 टेंट @ 2450 रूपये – हमने लोकल कम्पनी का लिया, केचुआ कम्पनी का सबसे अच्छा होता है, जो @ 2800 रु. में मिलता है.
- 6 वाटर प्रूफ मैट टेंट में नीचे बिछाने के लिए @ रु. 350/-
- सिंगल बेडिंग @ रु.800/- -ऐसा बेडिंग, रजाई की तरह, जिसमे चारो तरफ से चेन लगा हो.

चेन लगाकर पैक हो जाने पर कितना भी ठण्ड हो कोई फर्क नहीं पड़ता.

- डबल बेडिंग @ रु.1600/-
- ब्यूटेन गैस चूल्हा @ रु. 750/- कह सकते हैं पैकेट गैस चूल्हा
- ब्यूटेन गैस सिलिंडर @ रु. 150/- एक सिलिंडर से छह आदमी के लिए साधारण खाना एक बार बन सकता है.
- गैस चूल्हा के लिए वर्तन सेट @ 800/-
- इमरजेंसी लाईट @ रु.300/-
- गम बूट @ रु.150/-
- टूल किट @ रु.450/-

इस बीच दो दिनों में मोनू मेरे लिए जैकेट , चश्मा@ 800 रूपये- जो वर्फीली जगह पर आँख की सुरक्षा के लिए जरुरी है, लेग गार्ड, नी गार्ड, लोशन- हाथ और चहरे पर लगाने के लिए, इत्यादि जरुरी सामान खरीद लिया.

मैं अपनी तैयारी के सिलसिले में अपने सोसाइटी के क्यू ब्लाक में रहने वाले श्री मंजीत सिंह जी के लड़के श्री राहुल कुमार से मिला. वह कई बार बुलेट से लद्दाख की यात्रा कर चुका था. उसने मुझे डोमैक्स दवा खरीदने की सलाह दी, जो ज्यादा ऊंचाई के कारण सिर दर्द, सिर चक्कर में खाया जाता है. राहुल ने हमें यह भी बताया कि किस तरह से तापमान में बदलाव होता जाएगा. उसने हमें डी-हाईडेरेशन से बचने के लिए ऐसे जैकेट खरीदने की भी सलाह दी जिसमें पानी भरा जा सके और उसमे से एक पाइप के द्वारा कभी भी पानी पिया जा सके. हालांकि मैंने

लद्दाख मोटर साइकिल यात्रा के लिए एक स्पोर्ट्स शूज खरीदा था किंतु शशि जी अपने अनुभव से बताते हैं कि हमें बर्फीली जगहों पर स्पोर्ट्स शूज पहनकर नहीं जाना चाहिए क्योंकि बर्फीली हवाओं को स्पोर्ट्स शूज नहीं रोक पाता और पैर के अँगुलियों में बहुत ठण्ड लगती है.

मोनू भी पिछले बीस दिनों से विशेष तैयारी में लगा था. वह अनेक विडियो युटुब पर देख चूका था और मन ही मन ठान चूका था कि   हमें **उम्लिंगला पास** और **टुक टुक** गाँव (पाकिस्तान बोर्डर) तक जरुर जाना है. वह अपने लिए स्पेशल हलमेट ख़रीदा, जिसके माउंट पर कैमरा फिट हो सके, ताकि चलते हुए विडियो रिकॉर्ड हो सके, बिना हिले. सभी लोग ब्लू टूथ इयर फोन तो खरीद ही लिए थे. मोनू एक्स्ट्रा बीएसएनएल मोबाइल सिम रख लिए थे.

27 मई को कौशल जी, शशि जी और उनकी टीम को खरीदारी करते करते शाम के साढ़े सात बज गए और मोनू के डेरा मानसरोवर पार्क आते आते साढ़े आठ. मोनू भी ऑफिस से लौटते समय उनकी टीम में शामिल हो गये थे. घर पर खाना तैयार था, आते ही सभी लोग खाना खा लिये और फिर सामान की पैकिंग में लग गए. पैकिंग में बहुत ज्यादा मेहनत है, पैकिंग करते – करते रात के ग्यारह बज गए. चुकि सुबह जल्दी जागना था, इसलिए सो गए.

सुबह चार बजे ही सभी लोग जाग गए, फ्रेश होने के बाद सारे बैग (बड़े और छोटे) को मोनू के दोमंजिला फ्लैट से नीचे उतारे और तीनों बाइक पर रबड़ की रस्सी से टाईट करके बांधा गया ताकि रास्ते में न खुले. सभी पसीने पसीने हो गये. बैग बांधते

बांधते साढ़े पांच बजे गये. फिर सभी मोनू के फ्लैट में आकर निम्बू का शर्बत पीये. पानी के दो-दो कैन (5 लीटर) भी लद्दाख कैरियर में ठीक तरह से बांध दिया गया था.

मुझे भी मानसरोवर पार्क, दिल्ली पहुँचने का टाइम सुबह साढ़े चार बजे का मिला था. मैं फरीदाबाद में रहता हूँ और मानसरोवर पार्क मुझसे कम से कम एक घंटे की दूरी पर है. मैं भी अपना पूरा सामान बच्चों की मदद से रात में ही पैक कर लिया था. बैनर और सभी आई कार्ड के साथ -साथ बाइक पर चिपकाने के लिए पम्पलेट, जो बैनर का छोटा रूप था, ले लिया था. मैं भी सुबह साढ़े तीन बजे जाग गया और नहा धोकर चार बजे तक तैयार हो गया. नहाने से पहले ही ओला कैब बुक कर दिया था, किन्तु रात होने के कारण कैब 4.15 बजे आया.

पूरी टीम मेरा बेसब्री से इंतजार कर रहा था.मुझे मानसरोवर पार्क पहुँचते -पहुँचते साढ़े पांच बजे गये. मुझे पहुचते ही, मेरा बैग मोनू के बाइक पर टाईट करके बांध दिया गया. मैं अपने साथ लाये आई कार्ड सभी के गले में डाल दिया. हमारे कपड़े ढीला और हल्के थे . लेग गार्ड, नी गार्ड उपर से पहन रखे थे. कुछ देर के लिए मैं मोनू के फ्लैट में गया, वहां विकास जी और शशि जी के द्वारा बनाये गए शर्बत पिया. फिर हमलोग करीब छह बजे लद्दाख यात्रा पर निकल गए .

5

दिल्ली से शीतला माता मंदिर, मुकेरिया

28 मई को हमारी टीम करीब छह बजे लद्दाख यात्रा पर चल पड़ी, जाने से पहले मोनू ने सभी गाड़ियों को अगरबत्ती दिखाकर पूजा किया और भगवान से यात्रा की सफलता के लिए प्रार्थना किया. मानसरोवर पार्क से निकलते ही सबसे पहले गाड़ियों की पेट्रोल टंकी फुल कराई गई, फिर शाहदरा फ्लाईओवर होते हुए श्रीनगर-कन्याकुमारी राजमार्ग, जिसे जी टी रोड भी कहा जाता है, पर आ गए. करीब 30 से 35 मिनट में हम यमुना नदी पर बने खूबसूरत सिग्नेचर ब्रिज पर थे. यहां दो-तीन मिनट तक रुक-कर फोटोग्राफी की गई और आगे बढ़ गए. पानीपत में मेरे दोस्त श्री शिव शंकर प्रसाद जी के भांजा श्री मनीष कुमार, जो रेलवे में काम करते हैं, हमारा इंतजार कर रहे थे. जब हमारी बाइक/बुलेट की आवाज कॉलोनी की गलियों में गूंजी, अनेक लोग अपने छत/बालकनी से कौतुहलवश देखने लगे. बाइक पर सामान बहुत लदा होने के कारण भी उत्सुकता ज्यादा थी. हालांकि मनीष का घर खोजने में हमें गूगल मैप के कारण कोई परेशानी नहीं हुई.

हम लोग करीब 8:30 बजे मनीष के घर में थे. वहां सबसे पहले हमें कोल्ड ड्रिंक और छाछ से स्वागत हुआ. उसके बाद मनीष ने पुड़ी, सेवई, सब्जी, चावल, दाल और साथ में दही और रसगुल्ले की भी व्यवस्था कर राखी थी . हम लोगों ने भरपेट खाना खाया, फिर करीब 10:30 बजे हम लोग नी गार्ड, लेग गार्ड

इत्यादि से लैस होकर, पठानकोट, जो हमारा अगला पड़ाव तय हुआ था, की ओर चल दिए.

पानीपत से करनाल, कुरुक्षेत्र होते हुए अंबाला पहुंचे. रास्ते में हमने एक बार फिर बाइक में पेट्रोल डलवाया. मैं मोनू के 350cc बुलेट पर बैठा था इसमें एक बार में करीब नौ सौ रूपये का पेट्रोल आ रहा था. रास्ते में, हाईवे पर ही, हमें आड़ू, जो सुनहरा लाल और पीले रंग का फल होता है, ठेले पर बिकता दिखा. हमने आधा किलो ख़रीदा, कोई मीठा लग रहा था तो कोई थोड़ा खट्टा भी लग रहा था. फिर भी अच्छा था. अंबाला से खन्ना के रास्ते में बारिश शुरू हो गई, हमने बारिश से सामान और बाइक को ढकने के लिए बड़े-बड़े प्लास्टिक खरीद लिए थे. सभी के पास बरसाती तो था ही. कुछ दूर तक तो बारिश में चले, लग रहा था बारिश बंद हो जायेगा, लेकिन करीब 3-4 किलोमीटर चलने पर बारिश बहुत तेज हो गई और हवा भी तेज थी, बारिश इतना तेज हो गई कि हम सभी एक मिनट में ही पूरी तरह भींग गए. पहले तो नेशनल हाईवे पर हमें कोई रुकने की जगह नहीं मिल रहा था और फिर आगे हमें एक पेट्रोल पंप दिखा तो हम रोड पर ही गाड़ी लगा कर और फिर उसे प्लास्टिक से पूरी तरह ढक करके नीचे इंडियन आयल के पेट्रोल पंप पर चले गए, लेकिन तब तक सारे लोग भींग गए थे.

करीब एक घंटा तक मूसलाधार वर्षा होती रही, पेट्रोल पंप पर भी करीब 6-8 इंच पानी जम गया था. शर्ट तो सभी को बदलना पड़ा, मोनू और गुंजन को पैन्ट और जुते भी बदलने पड़े. इंडियन आयल पेट्रोल पंप लिब्रा फीलिंग स्टेशन के केबिन में हमें जाना पड़ा और वहां वेट करना पड़ा क्योंकि बाहर कहीं नहीं थी रुकने की जगह. हवा चारो तरफ से भिगो रही थी. पेट्रोल पम्प

के स्टाफ हमें ताकीद कर रहे थे कि हाइवे पर से बाइक चोरी भी हो जाती है. बाइक चोर इस तरह खड़ी बाइक को निशाना बनाते हैं. सावधानी के लिए हम लोगों ने यही कोशिश की कि हममे से कोई न कोई बाइक की ओर हमेशा देखते रहे. लगातार बारिश होने के कारण हमे यह भी लग रहा था कि हमें पेट्रोल पम्प को अपना ठिकाना न बनाना पड़ जाय.

1 घंटे के बाद बारिश बंद हुई, शाम के 4:50 बज चुके थे अब तो पठानकोट तक पहुंचना मुश्किल लग रहा तो आगे बढ़ते हुए हम लोगों ने यह तय किया कि कहीं न कहीं रुकने की व्यवस्था करनी होगी. करीब 10-15 किलोमीटर चलने के बाद एक गुरुद्वारा दिखायी दिया. हम लोग गुरुद्वारा में अंदर गए पूछताछ की. वहां के ग्रंथि जी ने बताया कि यहां ठहरने की कोई व्यवस्था नहीं है, आप लोग कुछ दूर आगे जाइए, करीब 5 किलोमीटर आगे शीतला मंदिर है, वहां ठहरने की व्यवस्था हो सकती है. हम उन्हें धन्यवाद कहते हुए आगे बढ़ गए . धीरे -धीरे देखते हुए जा रहे थे. 4-5 किलोमीटर आगे बढ़े होंगे तो साइड में हमें शीतला मंदिर का गेट दिखाई दिया. गेट में अंदर जाकर हमने पता किया. पता चला यहां जगह मिल सकता है उन्होंने कहा कि *यहां अंदर जाइए और वहां काउंटर पर आपको कमरा बुक करना पड़ेगा* . बहुत नॉमिनल चार्ज रु.600/- में हमें गद्दे सहित रूम मिल गया और खाने के लिए @ रु.15/- प्लेट खाना मिल गया, हालांकि मंदिर वालों के अनुसार, हमें देर हो गयी थी, इसलिए हमें बचा हुआ प्रसाद मिला. प्रसाद था कोई खास खाना नहीं था लेकिन हम लोगों को भूख लग गई थी. जो भी मिला हम खा लिये. तब तो और कोई उपाय नहीं था. खाने वाले बर्तन, ग्लास धोकर यथास्थान रख दिया, बर्तन धोने के जगह के बगल में पानी

पीने के लिए आर ओ मशीन लगा था, वहीं पानी पी लिया. अब तक सभी थक भी गए थे. बारिश के कारण और परेशानी हो गई थी. शीतला माता मंदिर बहुत बड़ा है, इसमें दुर्गा माता का मंदिर तो हैं ही शिव जी और काली माता का भी मंदिर है. अनेक छोटे-छोटे मंदिर भी है. हम लोग अपने बाइक से जरुरत का सामान उतार लिए , फिर बाइक को सुरक्षित जगह पर पार्क कर दिए, हमें बड़ा सा हॉल दिया गया था, इसमें बड़े-बड़े दो दरवाजे थे, पंखे भी लगे थे. सबसे पहले अबतक के खर्च का हिसाब किया गया और दो-दो हजार रूपये प्रति व्यक्ति शशि जी को आगे के खर्च के लिए दे दिया गया. करीब दस बजे तक ज्यादातर लोग अपने-अपने बेड पर सो गए. कुछ देर तक तो मच्छर नहीं लगा लेकिन फिर मच्छर आने लगे तो मच्छर के लिए शशि जी मच्छर अगरबती रखे थे. उसे जला दिया था और हवाएं ठंडी लग रही थी. नींद आ गई सभी को. लेकिन मोनू का घुमने का उत्साह कम नहीं हो रहा था, वह मंदिर घूम-घूम कर देख रहा था और विडियो बना रहा था और फोटो ले रहा था. वह कब सोया पता नही चला.

उसी तरह सुबह-सुबह 3.30-4.00 बजे से ही हम लोगों ने जागना शुरू कर दिया, नहा-धोकर हम तैयार हो गये. शशि जी के पिटारे से सत्तू, प्याज, मिर्च निकला, विकास जी और गुंजन मिलकर शर्बत बनाये, सभी को कम से कम एक ग्लास पीना जरुरी था. फिर पूरे सामान को पैक किया गया और फिर हम लोग आगे के रास्ते के लिए चल दिए. अब हमें पठानकोट में नहीं रुकना था, सीधे पहलगाम जाना था.

6

शीतला माता मंदिर से पहलगाम

शीतला माता मंदिर से हम लोग सुबह 5:00 बजे से पहले आगे के रास्ता के लिए चल दिए. पहले तो हमने पठानकोट में रुकने का फैसला किया था किंतु बारिश के कारण हमें खन्ना से 70-80 किलोमीटर पहले ही रुकना पड़ा शीतला माता मंदिर में. अब हम नेशनल हाईवे 44 पर थे. हमारी औसत स्पीड करीब 30 किलोमीटर प्रति घंटा रह गया था. हालांकि बीच बीच में बुँदे की फुहारे भी आती थी, किन्तु उमस बहुत था. हम लोग मैदान से पहाड़ की तरफ बढ़ रहे थे.

खन्ना में विकास जी ने अपने बुलेट में कुछ काम करवाया. मोनू के बुलेट में अभी तक टेम्पररी नंबर प्लेट ही लगा था, इसलिए मोनू युटर्न लेकर एनफील्ड बुलेट के शोरूम में जाकर अपने बुलेट नंबर प्लेट, जो उसने अपने एक दोस्त लोको पायलेट द्वारा उसे मंगवाया था, नंबर प्लेट फिट करवाया. करीब 1 घंटे बाद हम लोग आगे चले. अब तक 12:00 बज चुके थे. करीब 50 किलोमीटर हाईवे पर आगे चलने के बाद हमें भूख महसूस होने लगी. हम लोग ढाबा देख रहे थे जो चालू हालत में हो. अब हाईवे फिर से वनवे हो गया था. ढाबा के पता करने के चक्कर में मोनू का मोबाइल रोड पर गिर गया और पता ही नहीं चला. करीब एक किलोमीटर आगे बढ़ने पर मोनू को अनुभव

हुआ कि मोबाइल नही है. हम लोग वापस आए और वहां जहां हम लोग रुके थे, ढाबा का पता करने के लिए. यदि पांच सेकंड की भी देरी होती तो मोबाइल नहीं मिलता. हम लोग मोबाइल को रोड पर इधर-उधर ढूंढने लगे. संयोग अच्छा था मोबाइल मिल गया. बगल में भी एक कचड़ा बीनने वाला भी था. शुक्र था उसकी नजर मोबाइल पर नही पड़ा था. नहीं तो बहुत मुश्किल होती .

हमें नहीं आता देख, शशि जी और विकास जी भी अपने-अपने बाइक साइड में खड़ा कर लिए थे और इंतजार कर रहे थे, उन्हें भी हमारी चिंता लग रही थी. कुछ देर रुकने के बाद फिर हम आगे बढ़े. अभी तक हमें ठीक ठाक ढाबा नहीं मिला था.

करीब डेढ़ बजे हमें एक **'रिधिमा वैष्णव ढाबा'** मिला, वहां हमने आलू पराठा दही खाया. कुछ फोटो ग्राफी हुई. करीब 1 घंटे बाद हम वहां से आगे की ओर निकल गए. अब हमारी बाइक पहाड़ी वाले रास्ते से गुजर रहा था, चारों तरफ हरे भरे पहाड़ दिख रहे थे, पठानकोट में हमने चावल, आलू, दाल, तेल, नमक इत्यादि जरूरी चीजें खरीदी. बताया गया था कि ऊंचाई पर जाने पर वस्तुएं महंगी हो जाती है. हम रावी नदी कब पार कर गए पता ही नहीं चला. हम लोग कठुआ- सांबा होते हुए उधमपुर पहुंचे. उधमपुर में पटनीटॉप के पास चेनानी-नाशरी टनल, जिसे अब श्री श्यामा प्रसाद मुखर्जी टनल के नाम से जाना जाता है, से पार होकर रामबन पहुंच गए. यह सुरंग 9 किलोमीटर लंबी है और बहुत शानदार है. इसमें लाइट की बहुत ही अच्छी व्यवस्था है और इमरजेंसी के लिए भी व्यवस्था इसमें है. सुरंग से निकलते ही जम्मू कश्मीर में मिलने वाले पहले रेलवे स्टेशन,

बनिहाल रेलवे स्टेशन मिला, यहाँ कोई भीड़ भाड़ नहीं, कोई ट्रेन भी नहीं. रामबन से अनंतनाग होते हुए हम **पहलगाम** पहुंचे. 6.00 बज चुके थे. हमने तय किया कि पहलगाम में ही हमें कैम्प करना है. कम से कम एक घंटा हमें कैंप स्थल ढूंढने में लगा.

7

पहलगाम में कैंप

अब हम लोग पूरी तरह पहाड़ी और हिमालयी क्षेत्र में आ चुके थे. हम सड़क पर चलते चलते 5 मिनट में 50 फीट नीचे चले जाते थे, तो अगले 10 मिनट में 100 फीट ऊपर. मैं पीछे बैठा था सो ढलान पर आने में बाइक की स्पीड बढ़ जाती थी और गुरुत्वाकर्षण के कारण हमारा शरीर आगे की ओर झुक जाता था. मोनू के बाइक के साथ-साथ मैं मोनू पर भी सवार हो जाता था और ऊपर चढ़ते समय कभी-कभी उतरकर बाइक को धक्का भी लगाना पड़ता था . अनंतनाग जिले के पहलगाम में हमें इसी तरह के रास्ते मिल रहे थे.

अभी तक हमें भाषा और बोली से कोई परेशानी नहीं हुई थी सभी लोग हिंदी अच्छी तरह से बोल और समझ रहे थे. उनका टोन उर्दू से मिलता-जुलता था. हाँ तो, अब हम पहलगाम में कैंप लगाने की जगह ढूंढ रहे थे. कोई आगे से दाएं मुड़ने को बोलता, कोई आगे पुलिस थाने से नीचे जाने को बोलता. शाम का धुन्धुल्का भी होने लगा था, ठंड भी बढ़ रही थी, आगे बढ़ने पर हमें एक पार्क दिखा वहां एक कश्मीरी लड़का, जो उसके ड्रेस से पता चल रहा था, वह कश्मीरी ड्रेस भूरे रंग का **फेरन** , जो लम्बा चोंगा सा होता है, पहना था, **फेरन** के अन्दर शरीर को गर्म रखने के लिए **सिगड़ी,** जिसमें **बोड़सी** की तरह आग रखा जाता है, भी रखा जा सकता है, वह पार्क की देखभाल करता होगा ऐसा लगा. उसने बताया कि यहाँ कैम्प नहीं कर सकते, इसके लिए और आगे जाइए फिर हम आगे बढ़ गए.

करीब 2 किलोमीटर चलने के बाद बगल से एक नदी बहती दिखी, जिसे **लिद्दर** नाम से जाना जाता है. वहाँ और एक- दो टेंट लगी थी हमने भी वही कैंप लगाने का निश्चय किया. पहले बाइक को साइड में लगाकर जगह का मुआयना किया, अंधेरा हो गया था और थोड़ी देर पहले वर्षा भी हुई थी. हालांकि बिजली के पोल पर लाईट लगी थी और जगह जगमग हो रही थी, जगह अच्छी लग रही थी, नदी से पानी के कल-कल की आवाज आ रही थी, कभी पानी की धार की आवाज आती थी, पेड़ पौधे चारों तरफ हरे भरे थे. ऊंची जगह देखकर (जहाँ ईंट से सोलिंग किया हुआ था) कैम्प करने का निश्चय किया.

सबसे पहले बाइक से बैग उतारकर, प्लास्टिक, जो हम लोग अपने सामान को बारिश से बचाने के लिए रखे थे, नीचे जमीन पर फैला कर, उस पर सारा बैग रख दिया, फिर हम लोग अपने टेंट को लगाने की कोशिश करने लगे. हम लोग अपने दोनों टेंट निकाल लिए थे, एक गुलाबी रंग का था, जबकि दूसरा आसमानी रंग का. हमने टेंट फैला भी दिए लेकिन समझ में नहीं आ रहा था कि कैसे फिट करें, करीब दस मिनट हमें समझने में लगा कि टेंट खड़ा कैसे होगा .

इधर हम लोग अपने काम में व्यस्त थे और कुछ देर के बाद ही कई लोग अपने-अपने कार, बाइक से आकर टेंट लगा कर चुके थे. हम थक-हार कर बगल वाले से टेंट लगाने के बारे में पूछा, जो दिल्ली से आए थे , उनकी सलाह और शशि जी की बुद्धि की बदौलत हम लोग टेंट खड़ा करने में सफल हो गए. शशि जी और विकास जी मेन कारीगर थे टेंट खड़ा करने में. हम लोग हेल्पर थे. कभी काँटी लाओ, तो कभी हथौड़ा लाओ, कभी रस्सी इधर डालना है . कौशल जी दूर से डायरेक्शन दे रहे थे

और बाइक की रखवाली कर रहे थे। हम कश्मीर में थे, किन्तु कभी मन में आतंकवादी के आने का कोई भय नहीं लग रहा था.

30 मई को जेष्ठ महीने की अमावस्या थी, रात में आसमान की तरफ देखने पर घुप्प अँधेरा दिख रहा था, तारे टिम-टिमा रहे थे, जबकि बिजली के पौल पर लगे बल्ब और टेंट में जलते लाईट का प्रतिबिम्ब लिद्दर नदी के पानी में झील-मिल कर रहा था. जो शानदार और मनोरम दृश्य बना रहा था. करीब 9:00 बजे रात तक हमारी कैम्प पूरी तरह से तैयार हो गई थी.टेंट के अन्दर मैट बिछ जाने के बाद हमारा टेंट पूरी तरह घर नुमा **मकोल** बन गया था, जैसे किसान अपने खलिहान में धान/गेंहू अगोरने (रखवाली) के लिए धान के अटिआ और पुआल से मकोल बनाते हैं.

मोनू और शशि जी सबसे पहले चाय बनाने के लिए अपने छोटे स्टॉप और ब्यूटेन सिलेंडर को निकालकर फिट किया. हमारे ग्रुप में मोनू ही थे जिन्हें कहा जा सकता है, चाय पीने की आदी. और लोग को तो मिल गया तो पी ली नहीं तो कोई बात नहीं.

हममें से कोई शराब नहीं पीता था इसलिए पार्टी जैसा कोई माहौल नहीं था. हममें से तीन सर्वाहारी थे जबकि तीन शाकाहारी. इसलिए मांसाहारी भोजन बनाने के लिए अंडा के व्यंजन के लिए भी कभी सोचा नहीं गया.

जब शशि जी और मोनू चाय बना रहे थे. हम लोग वहां से नजारे देख रहे थे. नदी करीब 100 फीट चौड़ी होगी उसके आगे पूरी पहाड़ जंगलों से भरा हुआ, पेड़ पौधे से हरे भरे थे दूसरी तरफ ऊंची ऊँची पहाड़ ही पहाड़ दिख रहा था. चारों

तरफ नदी के कल कल करती पानी की आवाज आ रही थी. नदी के बीच में दिख रहा था कि एक लकड़ी का पुल बना हुआ है एक तरफ से दूसरी तरफ जाने के लिए. वहां हमे एक टॉयलेट दिखा, जो पूरी तरह से गन्दगी से भरा है और हमारे से नीचे कैम्प कर रहे थे उससे लाइट की रोशनी जगमग करते आ रही थी जैसे हम लोग बचपन में **कैंडल** जलाते थे दीपावली में, उसी तरह से नीचे दिख रहा था रंग-बिरंगे लाइट वाली टेंट . बहुत ही सुंदर दृश्य था |

मोनू ने शानदार चाय बनायी और कौशल जी घर लाये नमकीन निकाला , सभी के लिए। इस ठंडक में नमकीन के साथ गर्मा गर्म चाय पीकर सभी लोग तृप्त हो गए. हम लोग रास्ते में भी बाइक रोककर **नीमकी** ठेकुआ खाकर पानी पी लेते थे. हमारे पास पानी की कमी नहीं थी क्योंकि सभी 6 कैन और 6 बोतल (2 लीटर वाला) में पानी शीतला माता मंदिर में ही भर लिया था. अब खाना बनाने के लिए सारे बर्तन निकाल लिए गए. दोनों टेंट में बैठकर कोई प्याज काट रहा है, कोई आलू, मोनू और शशि जी किचन संभाले हुए थे, मोनू ने आलू, चावल, सोया बड़ी और प्याज का बिरयानी बनाया, क्योकि बर्तन छोटे थे, इसलिए मोनू को दो बार बिरयानी बनाना पड़ा. बहुत ही शानदार बिरयानी । मोनू खाना बनाते हुए हिंदी गाने बजा के मजे ले रहे थे. जो माहौल को रंगीन बना रहा था. इधर हम लोग खाना बना रहे थे और उधर बारिश शुरू हो गई. हवा भी चल रही थी हालांकि हमारा टेंट वाटरप्रूफ था, फिर भी डर लग रहा था कि कहीं हमारा टेंट उखड़ न जाए. जैसे ही बारिश शुरु हुई हमने अपने सारे बैग को अच्छी तरह से प्लास्टिक से ढक दिए, अपने-अपने जूते को भी ढक कर रख दिया.

थोड़ी देर में बारिश बंद हो गई. डिस्पोजेबल प्लेट तो था हमारे पास 11:00 बजे तक हम लोग खाना खा लिए और बर्तन भी धो लिया. हमारे पास एक ही लाइट था इसलिए दूसरी टेंट में मोबाइल की लाइट से काम चल रहा था. मैं, मोनू और गुंजन एक टेंट में थे जबकि दूसरे टेंट में कौशल जी, शशि जी और विकास जी थे. ठंड बहुत बढ़ गई थी, तापमान 1 डिग्री या शून्य डिग्री सेल्सियस रहा होगा. ठंड के कारण पानी भी कम पिया जा रहा था. हम लोग बेडिंग के अंदर घुस कर सो गए.

करीब 1:00 बजे मेरी नींद खुली, मैं पसीने से लथपथ हो गया था. सांस लेने में भी दिक्कत हो रही थी. टेंट से बाहर निकला, कौशल जी, शशि जी भी बाहर निकले, पता चला हमने टेंट का विंडो नहीं खोला था इसलिए घुटन हो रहा थी. ऑक्सीजन की कमी हो गई थी. टॉयलेट करने के बाद हम फिर सो गये.

कौशल जी, शशि जी सुबह 5:00 बजे जाग गये अपनी आदत के अनुसार, उन्हें जबसे कोरोना हुआ था सुबह आठ – दस किलोमीटर की सैर करना अपने रूटीन में शामिल कर लिया था. इसी तरह आज वे लोग जाग गये. फिर वे बोतल में पानी लेकर वीरान जगह पर शौच के लिए निकल पड़े. हाथ मुंह धोने के बाद पहाड़ियों के वादियों में सैर पर निकल पड़े. उन्होंने वीडियो रिकॉर्डिंग भी किया और अपने फेसबुक पेज पर पोस्ट कर दिया. छह बजे तक सारे लोग जाग गए थे, नित्य कर्म से निपटने के बाद लिद्दर नदी और उसकी चंचलता को निहारने के बाद फिर से घुमने जाने की तैयारी होने लगी. मोनू, गुंजन और विकास जी मिलकर, प्याज और टमाटर डालकर शानदार मैगी बनाया. जब ये लोग मैगी बना रहे थे, शशि जी, कौशल जी और मै टेंट और बेडिंग को समेट कर बैग में डाल रहे थे. इस बीच

मोनू नदी में जाकर स्नान भी कर लिया, जबकि और लोग ठंडी पानी के वजह से सिर्फ हाथ-पैर धो सके. हालाँकि मौसम सुहाना था, फिर भी हमलोग जैकेट डाले रखा था. इस बीच मैं भी अपना डीएसएलआर कैमरा निकला और शानदार वादियों की फोटोग्राफी की . मोनू भी वीडियो रिकॉर्डिंग करके अपने यूट्यूब चैनल **नमस्कारम** पर डाल दिया. 8:00 बजे नाश्ता और चाय के बाद हम लोग अपने बाइक पर बैग को फिट किए और रस्सी से टाइट करके बांधा और चल पड़े **अरु वैली** के लिए. निकलने से पहले कौशल जी सभी को अपने बदन के खुले जगह, जैसे हाथ, चेहरा, गर्दन पर बॉडी लोशन या मॉइस्चराइजर लगाने के लिए अवश्य हिदायत दे देते थे.

आज 30 मई 2022 को हमारा प्रोग्राम **अरु** वैली और **बेताब** वैली घूमने के बाद अवन्तिपुरा होते हुए **बडगाम** रेलवे स्टेशन, श्रीनगर जाना था. मोनू हेलमेट माउंट पर अपना मोबाइल कैमरा ऑन किया और चल दिए अरु वैली के लिए. हम तीन-चार किलोमीटर ही चले होंगे, एक लड़का हमें रुकने का इशारा किया, पता चला कि यहां के वन विभाग की तरफ से ₹25 प्रति बाइक लेवी लगता है. लेवी कटाने के बाद हम आगे बढ़ गए. रोड के एक तरफ पहाड़ी और दूसरी तरफ 200-300 फीट खाई, दूर-दूर तक फैले घाटी में देवदार वृक्ष.

अरु वैली को देखने के लिए अनेक यात्री आ रहे थे कोई कार से, कोई बाइक से, रोड सिंगल लेन करीब पन्द्रह फीट चौड़ी होगी, रोड अलकतरा से बनी थी, किंतु कहीं-कहीं टूटी फूटी थी. गाड़ियाँ दोनों तरफ से आ-जा रही थी. बीच-बीच छोटी-छोटी पुलिया भी मिलती थी, जिससे साफ और स्वच्छ पानी एक तरफ से दुसरे तरफ जा रहा था. रास्ते में कई फोटो पॉइंट बना था.

हमने बाइक रोककर फ़ोटा भी खींचा. हमारी बाइक वैली के ऊपर घास के मैदान पर पहुंच गया. हालाँकि कार वाले को अपनी कार नीचे ही पार्क करना पड़ा. यहां करीब 20 से 25 पर्यटक पहले से मौजूद थे. आठ-दस घोड़े-टट्टू भी वहां घास चर चल रहे थे. कुछ लोग वहां घोड़े की सवारी करके आए थे. बहुत सुंदर मैदान था. हरी घास पूरे मैदान फैला हुआ था, ऐसा लग रहा था घास की कटाई करीने से की गयी हो. मैदान के चारों तरफ खाई थी, फिर कुछ दूर पर ऊँची –ऊँची हिमालय की चोटियाँ थी, जो सूरज की रोशनी में चांदी की तरह चमक रही थी.

यहां आते ही विकास जी ऊंची घास के टीले पर चले गए और ऐसे पालथी मारकर बैठ गए. जैसे कोई साधु साधना में लीन हो. उनको देखा देखी कई लोग उसी पोज में फोटो खिंचवाने लगे. मोनू तो बुलेट लेकर वहां पहुंच गया. हमने घोड़े वाले से भी बात की और सिर्फ बैठ कर और थोड़ा घुमा कर फोटो खिंचवाने के लिए, उसने ₹200 प्रति व्यक्ति रेट बताया. हम लोग छह व्यक्ति थे इसलिए महंगा लगा. अरु वैली के मैदान पर हमने आधे घंटे अपने आंखों को हरी भरी वादियों से तृप्त कराया फिर चल दिए.

अरु वैली से वापस लौटते समय मोनू के हेलमेट माउंट पर फिर से मोबाइल रिकॉर्डिंग शुरू हुआ. सडकें ऊपर-नीचे थी, फिर भी वह विडिओ रिकॉर्डिंग के साथ-साथ कमेंट्री भी कर रहा था. उबर खाबड़ रोड में चलते हुए बाइक भी ऊपर नीचे हो रहा था, रोड के दाहिने तरफ गहरी खाई थी. रोड पर बड़ी गाड़ियां जैसे ट्रक, हाइवा भी चल रही थी और हमें दाएं तरफ से भी आगे बढ़ना पड़ रहा था कभी-कभी. इस स्थिति में मोनू

कमेंट्री करता रहा था मुझे डर लगता था कि थोड़ा सा माइंड डायवर्ट हुआ, हम सीधे नीचे खाई में. लेकिन मोनू से बोल नहीं पाता था, मुझे लगता था एंजॉयमेंट के लिए रिस्क लेना ही पड़ेगा.

इसी बीच गुंजन अपनी बाइक की चाल तेज कर दिया, जिसके कारण उसे कौशल जी से डांट भी खानी पड़ी. करीब 40-45 मिनट में हम **बेताब** वैली के पास पहुँच गये, लेकिन रोड पर जाम की वजह से बेताब वैली में नहीं गए. कहा जाता है कि हिंदी सिनेमा **बेताब** के शूटिंग उसी वैली में हुआ था जिससे उसका नाम बेताब वैली हो गया. हम लोग ऊपरी सड़क से ही बेताब वैली के नजारे देख रहे थे. तरह-तरह पौधे और फुल करीने से लगे थे, घाटी बहुत ही सुंदर लग रही थी. पानी के कई तालाब भी दिख रहे थे. ऐसा लग रहा था हम किसी अच्छे कलाकार की पेंटिंग देख रहे हैं. अभी हम बेताब वैली निहार ही रहे थे कि एक व्यक्ति अपने हाथ पर एक कबूतर रख कर आया. वह पैसा लेकर अपने कबूतर के साथ फोटो खिंचवाने का ऑफर दे रहा था. हम लोगों ने भी कबूतर के साथ फोटो खिंचवायी प्रति व्यक्ति बीस रुपए की दर से .

अबतक साढ़े दस बज चुके थे, आज का हमारा प्लान बडगाम रेलवे स्टेशन, श्रीनगर जाना था जो करीब 100 किलोमीटर दूर था. आगे बढ़ने पर हमें 'आईं लव पहलगाम' के फोटोशूट पॉइंट पर हम सभी लोग फोटो खिंची और खिंचवाई, वहां पर्यटकों की भीड़ लगी थी और हम लोग लिद्दर नदी के साथ साथ आगे बढ़ रहे थे. बीच में रुक कर भी फोटो खिंचवाई, पोज देकर. आगे हमें नेशनल हाईवे पर दो रास्ते में मिले एक अनंतनाग के लिए और एक श्रीनगर के लिए. हम श्रीनगर के

रास्ते पर चल दिए. यह राजमार्ग संख्या 501 था, जिसे श्रीनगर-पहलगाम रोड भी बोलते हैं.

हम कश्मीर पहलगाम रोड पर होते हुए श्रीनगर जा रहे थे हमें भूख लग रही थी. किंतु कोई ढाबा या रेस्टोरेंट नहीं मिल रहा था. शुरू में जहां से हम श्रीनगर के लिए नेशनल हाईवे पर आए थे वहां कॉर्नर पर एक रेस्टोरेंट दिखा था, किंतु हम लोग रुके नहीं, लगा था कि आगे और मिल जाएंगे लेकिन आगे बढ़ने पर न कोई रेस्टोरेंट्स दिखा न कोई ढाबा चालू हालत में मिला. एक जगह हमें चाऊमीन,आमलेट, पकोड़े की दुकान मिला. फिर मजबूरन हमें चाऊमीन और पकौड़े खा कर काम चलाना पड़ा. हम अवन्तिपुरा से होते हुए आगे बढ़ रहे थे. रास्ते में दिखा कि सड़क के दोनों तरफ करीब सौ-सौ मीटर पर सेना के जवान मुस्तैद थे. एक बार हमें एक सेना की गाड़ी पास कराने के लिए 15-20 मिनट तक रुकना भी पड़ा. बीच-बीच में हम बाइक चेंज कर लेते थे. अभी हम कौशल जी के बाइक पर बैठा था. हमारी बाइक सबसे आगे, उसके बाद गुंजन शशि जी की बाइक फिर सबसे पीछे मोनू-विकास जी की बाइक.**जीरपारा** ब्रिज से हम **झेलम** नदी पार कर चुके थे. अब हम झेलम नदी के साथ-साथ चल रहे थे . आगे आने पर ट्रैफिक बहुत था, ट्रकों की लाइन लगी थी. हम बच-बचा के आगे बढ़ रहे थे. कई तरह गाड़ियाँ साथ साथ चल रही थी. बहुत हैवी ट्रैफिक था. विकास जी बताते हैं इसी हैवी ट्रैफिक में मोनू का ध्यान भटका और उसकी बाइक पलट गई एक छोटी सी नाली पार करने में. इससे मोनू के बुलेट का पीछे का शौकर मुड़ गया. साथ ही उसके बाइक में आगे टंगे एक लीटर वाला थर्मस अंदर से टूट गया. संयोग अच्छा था ज्यादा नुकसान नहीं हुआ. बाइक चलने की हालत में थी किन्तु बाइक

पीछे की ओर दब गया था. बाइक पर सामान भी बहुत लदा था. मोनू को थोड़ी सी चोट लगी और विकास जी का पैर छिल गया. गिरते ही दो व्यक्ति दौड़ कर उन्हें उठाएं और बोल रहे थे कि अभी बहुत नुकसान हो जाता. मोनू की बाइक हमसे पीछे थी इसलिए हमें पता नहीं चला था.

करीब 5:30 बजे शाम को हम लोग बडगाम रेलवे स्टेशन पहुंच गये. यहां मोनू कमान संभाल लिए. गेस्ट हाउस के मैनेजर से बात किये. हमें दो रूम का सुइट एलॉट हो गया, यह दूसरी तल पर था. सबसे पहले हम अपने बाइक को अनलोड किया और दो-तीन बार चक्कर लगाकर अपने अपने सामान कमरे में रख लिये. एक कमरे में मोनू, विकास जी और मैं था तो दूसरे में कौशल जी, गुंजन और शशि जी थे. गेस्ट हाउस के कमरे बड़े बड़े थे. मुझे लगता है कि 15 बाई 15 फीट का रहा होगा. एक डबल बेड, दो सोफा, एक टेबल और एक कुर्सी भी कमरे में था. दोनों कमरा कंबाइंड था. पूरा सुइट था दो कमरों का. किचेन भी था. एक वरांडा भी था. यह गेस्ट हाउस तीन मंजिला बना हुआ था गोलाकार सेप में. बीच में बहुत बड़ा आंगन की तरह सेप था वह पूरी तरह गोल अंडाकार सेप के हार्ड प्लास्टिक जैसे ढांचे से ढका था. उसमें कबूतर इधर-से-उधर फर्र-फर्र करके उड़ रहे थे और हवा जब चल रही थी तो ढाचे से आवाज आ रहा था.

हमने तो पूरा खाना पूरे रास्ते में खाया ही नहीं, इसलिए भूख तो अभी भी लग रही थी इसलिए फ्रेश होने के बाद हम लोग बडगाम स्टेशन के गेस्ट हाउस से निकलकर बाहर मार्केट में आ गए. फिर समोसे पकोड़े खाए चाय पी. फिर एक कैरेट

पानी की बोतल और जरूरत के सामान खरीदे. गेस्ट हॉउस के पानी पीने लायक नहीं था. फिर वापस गेस्ट हाउस में आ गए.

मोनू को अपने बाइक की चिंता सता रही थी, अभी बहुत लम्बी यात्रा करनी थी. इसलिए मैं और मोनू बुलेट को ठीक कराने के लिए श्रीनगर चल दिए. मोनू सबसे पहले श्रीनगर के सारे इनफील्ड बुलेट में शोरूम में फोन कर करके बुलेट के शौकर की उपलब्धता के बारे में पूछा था लेकिन किसी भी शोरूम और सर्विस सेंटर के पास इस मॉडल के बुलेट का शौकर नहीं था. मोनू का बुलेट मात्र एक महीना पुराना था, वारंटी तो था ही.

हमें एक बाइक सर्विस सेंटर **'कश्मीर मौजो'** के बारे में पता चला. वहां के मैकेनिक जुगाड़ से सीबीजेड के शौकर को इनफील्ड बुलेट में फिट कर दिया अठारह सौ रुपए में. हमें तो बुलेट के सही होने से मतलब था. अब तक मोनू रॉयल इनफील्ड के हेड ऑफिस में फोन और मेल कर चुका था अपनी शिकायत. करीब 8:30 बजे रात में हम वापस बडगाम रेलवे स्टेशन गेस्ट हाउस में आए. यहाँ खाने का अच्छा प्रबंध था. रात में रसोईया खाना बना दिया था. फिर हम करीब साढ़े नौ बजे तक खाना खा लिए थे. कौशल जी और शशि जी रात में खाना खाने के बाद टहलने भी गये.

8

श्रीनगर और आसपास

31 मई 2022 को हमारा प्रोग्राम डल झील, मुगल गार्डन, शालीमार गार्डन, शंकराचार्य हिल, निशांत गार्डन घूमने का था. रेलवे गेस्ट हाउस के रसोईया सुबह 8:30 बजे तक नाश्ता बना दिया था. हमें 3 दिन के बाद इतनी शांति से नहाने को मिला था गर्म पानी भी था. कुछ लोग तो रात में ही अपने कपड़े भी धो डाले थे. मैं भी अपना कपड़ा रात में धो डाले थे. कपड़े को बरांडा के तार पर डाल दिए., बरांडा, जो डाइनिंग हॉल था, उसमें डाइनिंग टेबल और कुर्सियां थी, उसपर पर कपड़े डाल दिए गये सूखने के लिए और पंखा चला दिया था.

कौशल जी, शशि जी और मैं सुबह 5:00 बजे उठकर नित्य कर्म करने के बाद रोड पर टहलने के लिए निकल गए. मौसम सुहाना था, ठण्ड थी एक फुल स्वेटर भर. रोड के किनारे खेत थे, फसल लगे थे, मक्के की. कुछ खेत परित था. रोड के दोनों तरफ लम्बे-लम्बे शीशम के पेड़ थे. शशि जी और कौशल जी का टहलने का स्पीड ज्यादा था करीब 6-7 मिनट प्रति किलोमीटर. शुरू शुरू में मैं उनका साथ देता रहा लेकिन फिर मैं पिछड़ने लगा. कौशल जी फोन पर अपने दोस्त और रिलेटिव से यहाँ के मौसम और अपनी यात्रा के बारे में बात करते रहे. आगे एक पुलिया था मैं वहीं रुक गया और थोड़ा एक्सरसाइज करने लगा. उन दोनों ने पूरे 5 किलोमीटर का चक्कर लगा कर आए फिर हम लोग साथ ही गेस्ट हाउस में आए. आते समय हमें दिखा कि गेस्ट हाउस के कैंपस में कुछ लोग वॉलीबॉल खेल रहे हैं हमारा भी मन ललचाया लेकिन हम आगे बढ़ गए.

सुबह 7:00 बजे तक हम वापस गेस्ट हाउस में थे. मोनू, गुंजन और विकास जी भी जाग गए थे और अपनी तैयारी में लग गए थे. मुझे पता चला मेरा बैग नीचे से फट गया, जब मोनू के बुलेट का शौकर मुड़ गया था, मेरा बैग मोनू के बुलेट पर ही था, सो बैग नीचे से कुछ घीस रहा होगा. मुझे सुई धागे की जरूरत थी. गुप्त खजाने की मालिक शशि बाबू से पूछा, उन्होंने अपने पिटारे से सुई धागा निकाल कर दे दिया. शशि जी के पिटारे में क्या क्या था पता नहीं. नास्ते में अभी देर थी, शशि जी, विकास जी प्याज-मिर्ची के साथ सत्तू का शानदार शरबत बनाये, हम सभी ने एक-एक ग्लास शरबत पिया.

चुकि विकास जी और मोनू को चोट लग गयी थी, वे दोनों ज्यादा देर तक सोते रहते. हमारे ग्रुप में सबसे छोटे **गुंजन** को तो आराम चाहिए वह भी देर तक आराम करता रहा. जब हम लोग टहल कर आ गए, ये लोग भी जाग गए.

हम लोग 9:00 बजे नाश्ता के लिए गेस्ट हॉउस के कैन्टीन चले गए. अब तो कोई रोटी सब्जी खाया, कोई ब्रेड-बटर. फिर अंत में, कौशल, मोनू और मैं चाय भी पी. आज हमें रात में भी यही रुकना था, इसलिए आज हमारी बाइक हल्की थी और कोई बैग नहीं था. उस पर पानी की बोतल उसी तरह लदे थे.

हम लोग 10:30 बजे श्रीनगर दर्शन के लिए निकल गए हम लोग 11:15 बजे तक डल झील पहुंच चुके थे. हम पहुंच गए लेकिन शिकारा कहां से शुरू होता है पता नहीं चल रहा था तो हमने पूरे झील का एक चक्कर लगा लिया करीब पांच किलोमीटर परिधि. फिर हमें **शिकारा स्टार्टिंग पॉइंट** मिल गया. कौशल जी और शशि जी शिकारे वाले से बात करने लगे.

क्या चार्ज लेगा, कहां-कहां घूम आएगा, कितना देर घुमायेगा इत्यादि. इसी बीच मोनू को **रॉयल इनफील्ड** के हेड ऑफिस से फोन आ गया कि उसके बुलेट का ओरिजिनल शौकर, सर्विस सेंटर **रॉयल एनफील्ड मोटर काश्मीर** में उपलब्ध है. मोनू का खुशी का ठिकाना नहीं रहा. वह हम लोगों को बताकर बाइक में शौकर लगवाने चले गए. **मोटर काश्मीर** ने मोनू के बुलेट में साढ़े बाईस सौ रूपये में शौकर बदल दिया. उसके बाद मोनू 'कश्मीर मोजो' में जाकर **सीबीजेड** वाला शौकर लौटा दिया, कश्मीर मोजो ने दो सौ रूपये सर्विसेज चार्ज काटकर शेष पैसा लौटा दिए.

इधर, शशि जी और कौशल जी शिकारे वाले से ₹800 में 1 घंटे की सैर करने के लिए तय किया. फिर हम 5 लोग, मोनू तो बाइक ठीक कराने गया था, शिकारा पर बैठ गए और निकल गए डल लेक के सैर पर.

इससे पहले हमने अपने बाइक सही जगह पार्क कर लिए थे, जहाँ अनेक गाड़ियाँ पहेल से खड़ी थी. डल लेक आते समय हमें कई सेब बगान मिले थे, जिसके आगे ढाबा की तरह रेस्टोरेंट था और पीछे सेब के बाग.

शिकारे पर दो लोग शिकारा चलाने वाले पहले से बैठे थे, जब शिकारा एक दम किनारे आ गया तो हम शिकारे पर चढ़े, शिकारे पर बैठते समय, मैं और विकास जी एक तरफ आ गए, दूसरी तरफ कौशल जी और शशि जी. गुंजन सबसे अंत में शिकारा पर आया, उसके आते ही शिकारा डगमगाने लगा. वह डरकर सबसे आगे शिकारे वाले के पास चला गया. शिकारे वाले ने हमें सभी को वजन के अनुसार बैलेंस कर बैठने को बोला.

फिर गुंजन मेरे तरफ आ गए और विकास, शशि जी और कौशल जी दूसरी तरफ. सही मायने में इस शिकारा पर चार आदमी की बैठने की जगह थी और हम लोग पांच थे. हालांकि कुछ शिकार ऐसे भी थे जिस पर सिर्फ एक ही व्यक्ति बैठ सकता है. डल लेक एकदम शांत लग रहा था, पानी का रंग गहरा हरा था, कुछ दुरी पर कई शिकारे दिख रहे थे. कई **पन्कौउआ,** पानी का पक्षी, पानी पर उड़ और तैर रहे थे. कहीं -कहीं हमें कमल के लत्तर और फूल दिखाई पड़े. हमें लेक में दूर पानी के ऊँची ऊँची फब्बारे भी दिखाई दे रहे थे.

हम लोग 10 मिनट ही चले होंगे की एक और शिकारा एकदम पास आ गया, पता चला दूसरा शिकारा कोई सवारी शिकारा नहीं था, यह एक चलता-फिरता दुकान था या यूं कहें कि लेक के **फेरी वाला** था. इस शिकारे पर वह पर चाय, कॉफी, कहवा बेच रहा था. अभी तक हमने कहवा नहीं पी थी, मौका मिल गया हम सब ने कहवा पिया. शिकारे वाले भाई को भी कहवा पिलाया, मात्र 20 रु. प्रति कप. मुझे तो कोई खास नहीं लगा लेकिन हमारे अन्य साथियों को अच्छा लगा. जैसे ही कहवा वाला शिकारा आगे बढ़ा, कौशल जी झील और शिकारा के बारे में कमेंट्री करने लगे, मैं उनका वीडियो बनाने लगा. कहवा वाले शिकारे को आगे बढ़ते ही, फोटो खींचने वाले शिकारा आ गया, वह स्टाइल में फोटो खीचकर आधे घंटे में फोटो दे रहा था, फिर हस्तकारी बेचने वाले शिकारा आ गया. हमलोगों को पानी में खरीदारी का ऑफर दिया जा रहा था.

डल लेक के एक तरफ हाउसबोट की लाइन लगी थी आधे घंटे में हम वहां पहुंच गए, कुछ हाउसबोट एक मंजिला, तो कुछ हाउसबोट दो मजला भी था. किराए 2000 रु. से लेकर

20000 रु. प्रति रात प्रति व्यक्ति थी. आगे बढ़ने पर हमें बड़ा सा हाउस बोट में कपड़े की दुकान, सब्जी की दुकान, चाय की दुकान, मांस की दुकान, चूड़ी की दुकान दिखाई दिया. लोग शिकारे से आकर हाउसबोट के दुकान से खरीदारी कर रहे थे. हम लोग अपनी आंखों से मीना बाजार का मजा ले रहे थे, खरीदारी कुछ नहीं कर रहे थे. अपने वादा अनुसार शिकारी वाले पूरे 1 घंटा सैर करवा कर वापस **स्टार्टिंग पॉइंट** पहुँचा दिया.

शिकारे से उतर कर जब हम अपने बाइक की तरफ बढ़ रहे थे तो हमें एक गोलगप्पे बेचने वाला दिखा, बातचीत से पता चला वह बिहार का ही रहने वाला है, हममें से कुछ लोग गोलगप्पे खाए तो कुछ लोग झालमुड़ी. फिर हम मुगल गार्डन और शालीमार गार्डन घूमने गए यहां टिकट के लाइन लगी थी ₹25 प्रति व्यक्ति अब अब तक मोनू भी अपने बुलेट के शौकर बदलवा कर आ गए थे.

मुगल गार्डन हो या निशांत गार्डन | रंग बिरंगे फूलों की क्यारियों से भरा था, फूलों के अलावा बड़े-बड़े पेड़ भी था, जो वातावरण को शांत, अत्यंत मनमोहक और सुंदर बनाए हुए था. मुगल गार्डन और निशांत गार्डन की मुख्य विशेषता यही था कि यह पहाड़ियों के ढलान के पानी को समुचित उपयोग करते हुए बनाया गया था. बागान को इस तरह बनाया गया कि बाग़ के ऊपरी हिस्से में प्राकृतिक झरना के पानी को पहले जमा किया गया, फिर नीचे छोड़ दिया गया, कंक्रीट के बने बनाए छोटे तालाब में इसी तरह पानी की धार के अनेक छोटी-छोटी क्यारी बनाई गई, गार्डन के बीच में मुग़लकालीन भवन भी है, जो अब जर्जर स्थिति में है. पानी के बीच में लगे फव्वारा भी प्राकृतिक प्रेशर से चल रहा था. बिजली की कोई खर्च नहीं. और अंत में

पानी को डेल लेक में छोड़ दिया जा रहा था. यहां हम लोगों ने फोटोग्राफी और वीडियोग्राफी की। यहाँ मोनू विडियोग्राफी की और अपने यू ट्यूब चैनेल पर डाल दिया.

अब तक 3:00 बज चुके थे भूख लग गई थी. डल लेक के पूर्वी छोर पर हमें एक पंजाबी रेस्टोरेंट मिला, जहां हमने खाना खाया. मुझे तो मिक्स भेज ही अच्छा लगता है, लेकिन मोनू, गुंजन और विकास जी उसके पनीर की सब्जी **पनीर मसाला** बहुत अच्छा लगा. बाद में हम यूलिप गार्डन भी गए लेकिन वह हमें बंद मिला. 6:30 बजे तक हम वापस रेलवे के गेस्ट हाउस में आ चुके थे. गेस्ट हाउस लौटते समय कौशल जी, शशि जी, विकास जी और गुंजन जी की दो बाइक एक साथ थे, जबकि मैं और मोनू पीछे छूट गया था. गूगल मैप के द्वारा भी हम सब वापस आ रहे थे लेकिन ट्रैफिक के कारण बिछड़ गये. आते समय मैं और मोनू रास्ते में एक पैजामा, ट्रैक सूट की तरह, खरीदा और एक टोपी भी ख़रीदा जिसमें एक तरफ डोरी लगा था, टोरी खींचने से टोपी बन जाता था और नहीं तो उसे गर्दन में पहनकर ठंढ़ से बचा जा सकता था.

1 जून 2022 को हमारे घूमने का प्लान गुलमर्ग, शंकराचार्य हिल, लाल चौक था.

आदतन,1 जून सुबह 5:00 बजे शशि जी, कौशल जी और मैं मॉर्निंग वॉक के लिए निकल गया. हमारे निकलने के आधे घंटे बाद विकास जी भी टहलने के लिए निकले थे. लेकिन मोनू और गुंजन आराम कर रहे थे. आज कौशल जी को टहलते समय घर से बुरी खबर मिली. उनकी पत्नी सुबह-सुबह टहलने के लिए निकली थी तो दो चोर बाइक से आया और उनसे सोने के गहने

गले की चेन और कान की बाली छीन लिया, उन्होंने शोर मचाया, किंतु चोर तब तक भाग चुका था. इसी दुनिया में सब घटनाएं होती है कौशल जी अपनी पत्नी को समझाएं. कौशल जी देर तक घर पर बातें करते रहे. .

आज हम नाश्ता करने के बाद करीब 10:30 बजे गुलमर्ग के लिए निकले गूगल मैप के सहारे. मेन रोड पर जाने से पहले हम लोग बडगाम मार्केट में आते ही अपनी अपनी बाइक की आयलिंग करवाई, हवा चेक करवाया. इसमें करीब 40 मिनट लग गए, फिर आगे बढ़े श्रीनगर तमांग रोड होते हुए. हम सभी लोग यहाँ से करीब 11:30 बजे गुलमर्ग के लिए निकल गए थे. कुछ ट्रैफिक थी ऑफिस जाने वाले लेट लतीफों की.

बडगाम से गुलमर्ग की दूरी करीब 60 किलोमीटर है, करीब 40- 45 किलोमीटर तक रोड समतल ही है, यह वन वे रोड है और सडकें चौड़ी है. जहां तहां पुलिस चौकी और बेरिकेट दिखाई दे जाता था. गुलमर्ग से 10-15 किलोमीटर पहले हम पहाड़ी पर चढ़ना शुरू किये, यह पहाड़ी रोड अच्छी है ,रोड की चौड़ाई 15 फीट होगी लेकिन गाड़ियां आ भी रही थी और जा भी रही थी . रोड चढ़ाई के साथ घुमावदार था. कहीं-कहीं उपरी चढ़ाई ज्यादा थी, जहाँ बाइक चलाना खतरनाक लग रहा था, लेकिन मुझे अपने बाइकर्स के चेहरे पर अभी तक कोई सिकन नहीं दिखा था. रोड की एक तरफ पहाड़ी तो दूसरी तरफ खाई और फिर देवदार के लंबी-लंबी दरखत.

तीन चक्कर पहाड़ी पर लगाने के बाद हम गुलमर्ग पहुंच गए बीच-बीच में चेकपोस्ट भी मिल जाता करता था. गुलमर्ग में भी बहुत से सैलानी थे, कोई बाइक से तो कोई कार से आए थे.

वहां हमें खच्चर और घोड़े वाले भी मिल रहे थे अपने खच्चर और घोड़े के साथ. घोड़े वाले सैलानियों को यहाँ से दूर दिखाई देने वाले बर्फ के पास ले जाने का वादा कर रहे थे. यहां का तापमान 5 डिग्री सेल्सियस रहा होगा. मौसम सुहाना था. कभी कभी बूंदा-बांदी हो जाता था. गुलमर्ग टुरिष्ट पॉइंट पर **I LOVE GULMARG** का डिज़ाइन बना है, लोग वहां जाकर अपना फोटो खिंचवा रहे थे मुफ्त में क्योंकि उनका मोबाइल ही आज का कैमरा है. इस पॉइंट के दूसरी तरफ बड़ा सा घास का मैदान है. यह मैदान घास से भरा है लेकिन समतल नहीं है पहाड़ियों की तरह डिजाइन है. यहां एक तरफ बैटरी गाड़ी भी भाड़े पर उपलब्ध था,यह बच्चों के लिए कार की तरह लग रहा था, लोग उसकी सवारी कर रहे थे. हम लोग यहां फोटो खींचे और खिंचवाने के बाद **गंडोला** की तरफ बढ़ने की कोशिश की है लेकिन आगे बढ़ने पर पुलिस ने हमें रोक दिया. गुलमर्ग से गंडोला जाने के लिए रोपवे उपलब्ध है रोपवे में 4 लोग बैठ सकते हैं. हम लोग रोपवे के स्टार्टिंग पॉइंट से रोपवे को आते जाते देखा. कुछ देर रुकने के बाद हम फिर वापसी के लिए चल पड़े. वापसी में हम कई जगह रुक रुक कर फोटोग्राफी की. मोनू ने वीडियो बनाया और अपने यूट्यूब चैनल पर अपलोड किया. शशि जी, विकास जी, गुंजन भी विभिन्न पोज देकर फोटो खिंचवाये. फिर एक जगह रूककर हम लोग झालमुड़ी खाए. अभी 3:00 बज चुके थे .

श्रीनगर वापस आने के बाद हम लोग आइसक्रीम का आनंद लिया. गूगल मैप के सहारे **शंकराचार्य** पहाड़ी पर गए उसी तरह पहाड़ी के चक्कर लगाकर. बाइक होने की वजह से हम सबसे नजदीक वहां तक पहुंच गए जहाँ से पुलिस हमें आगे

बढ़ने से मना किया. लेकिन शंकर भगवान के मंदिर तक जाने के लिए हमें 300 से ज्यादा ऊंची ऊंची सीढ़ियां चढ़नी थी. मैं तो सीढ़ी चढ़ते चढ़ते बुरी तरह थक गया, आराम करने के लिए मुझे तीन बार रुकना पड़ा. गुंजन, कौशल जी और सभी लोग मंदिर में पहुंचकर मंदिर में भगवान का दर्शन कर लिए. लेकिन मैं मंदिर में और 50 सीढ़ियों और लम्बी लाइन को देखकर मंदिर में जाकर शंकर भगवान का दर्शन करने का इरादा छोड़ दिया.हम दूसरी तरफ से, जिधर से लोग उतर रहे थे, हम लोग मंदिर के छत पर पहुंच गए और मंदिर का चक्कर लगा लिए. वहां से श्रीनगर का नजारा देखने लगे. हम मंदिर के पास शंकराचार्य जी के गुफा के अंदर भी गये. गुफा में काफी अंधेरा था, एक ढिबरी टीम टीमा रहा था. बाहर तो गर्मी थी लेकिन गुफा के अंदर ठंढक थी. एक दम शांत लग रहा था. मंदिर के छत से श्रीनगर देखने पर ऐसा दिख रहा था जैसे पूरा श्रीनगर पेड़-पौधों से ढका है और झील पर बसा है. ऊपर से डल लेक भी दिख रहा था तो उस पर तैरने वाले हाउसबोट भी. झेलम नदी भी सर्पिले आकार में दिख रहा था|

5:30 बजे शाम तक हम लोग वहां रुके. उसके बाद हम श्रीनगर के मशहूर लाल चौक पर गए. मुझे तो **लाल चौक** कोई विशेष नहीं लगा. लाल चौक एक गोल चक्कर है जहां चार रोड मिल रही थी. इसके बीच में घंटाघर है जो **समय के चाल** को अपने बड़ी-बड़ी कांटे से बताने का प्रयास कर रही थी. लाल चौक एक तिकोना सा जगह है और चारों तरफ लोहे की रेलिंग लगी हुई है उसके फर्श सीमेंटेड है और उसमें बैठने के लिए लोहे का बेंच भी लगा है. चाय बिस्कुट का दुकान भी अंदर है छोटी सी. हम लोग यहां फोटो खिंचवाये. इस समय शाम हो चुका

था इसलिए गहमागहमी बहुत था. आसपास के बिल्डिंगों से रोशनी अभी झांकने लगी थी. रोड पर ट्रैफिक थी करीब 7:00 बजे हम वहां से बड़गांव रेलवे स्टेशन के लिए निकले, रास्ते में आते समय हमें पता चला कि एक व्यक्ति की हत्या हो गई है फिर हमें ट्रैफिक वाले लोग जल्दी निकलने के लिए बोले हुए, वे लोग हमारी बाइक में लगे लद्दाख कैरियर को देखकर समझ जाते थे कि हम लोग टूरिस्ट हैं .

वैसे श्रीनगर हमारे छोटे शहर जैसे दानापुर, आरा की तरह ही लगा. भीड़-भाड़, गंदगी, खाने का वही स्वाद, लोगों के बीच वैसे ही नोकझोंक, दुकानों में बारगेनिंग, रोड के किनारे लगे ठेले, सब्जियों के ठेले, मोबाइल कवर, ईयर फोन, पर्स बेचने वालों के ठेले, चाय बेचने वालों के ठेले. हाँ कहीं-कहीं हमें आर्मी के जवान दिख जाते थे यही अंतर था.

9

श्रीनगर से लेह

तीन दिनों के रेस्ट के बाद, हां रेस्ट ही कहेंगे क्योंकि इस बीच हमारी भाग-दौड़ का टारगेट नहीं होता था, आज दिनांक 2 जून 2022 को फिर से 4:00 बजे भोर में जागकर अपने अपने सामान बाइक पर लाद रहे हैं, श्रीनगर से लेह की दूरी करीब करीब साढ़े चार सौ किलोमीटर है और यह निश्चित था कि हम लोग इन पहाड़ी क्षेत्रों के घुमावदार रास्ते पर एक दिन में इस दूरी को तय नहीं कर सकते थे, बीच में कहीं न कहीं रुकना ही था जो तय नहीं था. हमें टेंट लगाकर रात में रुकने का अनुभव तो हो ही गया था और हमारे मन में भी चोर बदमाश का कोई डर नहीं था क्योंकि हम छह थे और हम से मुकाबला करने के लिए चार पांच लोग चाहिए ही था, इसलिए हम लोग रास्ते में कहीं भी रुकने के लिए तैयार थे.

हां तो रेलवे गेस्ट हाउस के पैसे के हिसाब किताब रात में ही हमने कर लिया था और शशि जी पेमेंट कर भी चुके थे, सुबह में तो हमें नहा धोकर नींबू पानी पीकर चल देना था और चलने से पहले शशि जी और विकास जी ने अकुड़े चने के साथ प्याज, टमाटर, मिर्ची काटकर शानदार नाश्ता बना चुके थे. सभी ने नाश्ता किया, सारे सामान पैक किये, सारे बोतल में पानी भर लिया गया और बाइक पर ला दिया गया. हम लोग 6:00 बजे

अपने-अपने बाइक पर थे. गूगल मैप में कारगिल फिट कर दिया गया और चल दिए अगले मंजिल पर.

हमारे तीनों बाइक पर मोबाइल चार्जिंग की भी व्यवस्था थी, मेरा मोबाइल का नेटवर्क काम करना बंद कर दिया था और सभी का मोबाइल ठीक ठाक चल रहा था. अब मोनू के बुलेट का शौकर ठीक हो चुका था और टेंशन की कोई बात नहीं थी. हम लोग करीब 10 किलोमीटर चले होंगे पेट्रोल पंप पर बाइक की टंकी फुल करवाई. फिर सोनमर्ग जो श्रीनगर से 80 किलोमीटर दूर है, की वादियों से होते हुए आगे बढ़ रहे थे नेशनल हाईवे न. 1 पर. श्रीनगर- लेह रोड अच्छी है, चौड़ाई भी ठीक है, हमारी स्पीड 40-45 किलोमीटर प्रति घंटे रही होगी.

अभी भी हमलोग सोनमर्ग से करीब 10-15 किलोमीटर पीछे थे, हमे भूख लग रही थी. हम लोग नाश्ते के लिए **'कंगम'** के एक लाइन होटल पर रुके, अभी दस बज रहे थे, लाइन होटल के स्टाफ अभी नाश्ता बनाने का प्रबंध ही कर रहा था, कोई आलू उबाल रहा था, तो कोई आटा गुथ रहा था. किसी- किसी लाइन होटल पर कुछ यात्री बैठे थे, हम एक साफ सुथरा लाइन होटल देखकर बैठ गए. फिर वही पराठा, अचार, चटनी, दही और अंत में चाय. इस बीच एक एयरटेल का सिम बेचने वाला लड़का आया, मुझे तो सिम की जरूरत थी क्योंकि मेरा मोबाइल फोटो कैमरा के अलावा कुछ नहीं रह गया था, उस लड़के ने मेरे आधार से, और मेरा फोटो भी खींचकर, एक सिम एक्टिवेट कर के दे दिया मात्र 300 रु. में. नाश्ता करते करते ही सिम चालू भी हो गया. चुकि हम लोग का टारगेट सोनमर्ग घूमना नहीं था इसलिए हम लोग सोनमर्ग में नहीं रुके, चलते रहे, सड़क के दोनों तरफ हरियाली थी, मौसम ठीक ठाक था. बीच-बीच में हमें

अन्य बाइकर्स भी मिल जाते थे, जो लद्दाख टूर पर निकले थे. कुछ स्पेशल बाइकें भी थी, मैंने पहले कभी नहीं देखा था. दोस्तों से पूछा तो पता चला कि विदेशी कंपनियों की बाइकें है.

सोनमर्ग से कहीं एक घंटे आगे चले होंगे, हम लोग अपनी यात्रा के पहले पास **जो-जिला** पास पर थे, वहां एक तरफ हमें आर्मी कैंप भी दिखा. हम लोग वहां बारी-बारी से फोटो खींचे और खींचवाए. लोग यहां पहुंच कर रोमांचित हो रहे थे. यहां **पास** पर बहुत ठंड लग रही थी लेकिन बर्फ नहीं दिख रहा था. ठंढ इतनी थी कि हमलोगो के लिए यहां ज्यादा देर तक रुकना मुनासिब नहीं था. हमें एक यात्री ऐसे भी मिले जो अकेले हीरो हौंडा मोटर साइकिल से लद्दाख यात्रा पर निकला था, वह बेंगलुरु से आया था.. हमलोग अपने पास टाफी के पैकेट भी रखे थे रास्ते में खाने के लिए. हमने बैग से **मैंगो बाईट** का पैकेट निकला, वह तो बैलून की तरह फुला हुआ था, कम दबाब क्षेत्र होने के कारण.

करीब 15 मिनट रुक कर हम लोग अगली यात्रा पर चल दिए. अब हमें पहाड़ियों पर लंबी-लंबी दरखतें नहीं दिख रही थी. छोटी-छोटी झाड़ियाँ थी. कभी-कभी पहाड़ तो विरान भी दिख रही थी. लेकिन घाटियों में हरियाली ही हरियाली थी. एक जगह पर पहाड़ियों के तराई में हमें कई मिलेट्री कैम्प दिखे, आगे बढ़ने पर हमें कुछ आर्मी जवान रस्सी के सहारे खड़ी पहाड़ी पर चढ़ने की कोशिश करते दिखे, शायद उनका ट्रेनिंग का हिस्सा रहा हो. अब तक हम द्रास घाटी में आ चुके थे, सड़क पतली थी, किंतु अच्छी थी. कहीं- कहीं बी आर ओ के वर्कर्स सड़कें मरम्मत कर रहे थे.

करीब 3:00 बजे हम लोग कारगिल वार मेमोरियल, जो कश्मीर-लेह मार्ग पर ही है, पहुंच गए थे. वहां हम लोग माँ भारती के वीर सपूतों को याद किया. हम लोग बाइक पार्किंग में खड़ा कर दिए. कारगिल वार मेमोरियल में इंट्री के लिए कोई पैसा नहीं देना पड़ा था. वहां सिक्योरिटी की अच्छी व्यवस्था थी. वहां सभी के लिए सेना के तरफ से गाइड का प्रबंध था. हमारी एंट्री के साथ ही गाइड महोदय ने कारगिल वार के बारे में विस्तार से बताया. एक बड़े से हॉल में हिंदी और अंग्रेजी में 30 मिनट की फिल्म भी चल रही थी. यहां कुछ एरिया प्रतिबंधित भी था. वहां पुरुष और महिलाओं के लिए अलग-अलग टॉयलेट थे. हम लोग फोटो खिंचवाए और ग्रुप में भी फोटो खींचवाये. मेमोरियल से बाहर निकलने के बाद कारगिल पहुंचने से पहले हमें कम से कम 2 बार पतली नदी (अधिकतम पंद्रह फीट) (सिन्धु नदी के सहायक नदी 'सुरु') दो बार पार किए. आगे बढ़ने पर हमें इंडियन ऑयल का पैट्रोल पंप मिला, हम लोग अपनी-अपनी बाइक की टंकी फुल कराई. और रुककर रात में वहीँ ठहरने का अंदाजा लगा रहे थे. शशि जी ने पेट्रोल पम्प के स्टाफ से वहां रुकने के बारे में पूछा, तो उसने मना करते हुए बताया कि सुरक्षा के कारण यहाँ किसी को रुकने नहीं दिया जाता है. हम लोग तय किये कि शाम होने तक जहाँ तक संभव हो लेह की तरफ बढ़ते रहें.

हम लोग मुश्किल से दस किलोमीटर आगे बढ़े होंगे, हमें बी आर ओ (सीमा सड़क संगठन) का बेस कंप दिखाई दिया. हमलोग बाइक वहीँ रोक दिये और रुकने के लिए व्यवस्था का जायजा लेने लगे. वहां उपस्थित गार्ड और उनके अधिकारी से बात की. इन्होने भी मना करते हुए बताया कि यदि पहले से

कोई सूचना होती तो वे हमें रुकने देते हालांकि अधिकारी कापरेट कर रहे थे. उन्होंने हमें बेस कैंप के सामने ही सड़क के दूसरी तरफ बन रहे मकान जो अर्ध-निर्मित था, में रुकने का सलाह दिया और अपने बेस कैंप में प्राकृतिक झरना से बह रहे पानी से पानी लेने की इजाजत दे दी. हम लोग उस गृहस्वामी से में से बात की. उन्होंने हमारी बात ध्यान से सुनी और एक रात रुकने की अनुमति दे दी. शर्त यही था कि घर की सफाई हम खुद कर ले. हमें तो जगह चाहिए था इसलिए हम लोगों को कोई आपत्ति नहीं थी. यह दो मंजिला घर था नीचे वाला घर दुकान की तरह था जो सड़क के साथ था. ऊपर वाले घर का रास्ता के लिए कोई सीढ़ी नहीं था बल्कि पहाड़ पर चढ़ जाइए और घर पहुंच जाइए. अभी शाम की धुंधलका था . हम लोग को भूख लग रही थी. गृह स्वामी से पूछा तो पता चला कि यहां आगे एक दुकान है जो नमकीन, समोसे वगैरा बेचते हैं. गुंजन और मोनू वहां गए लेकिन वहां बेस कैंप का दुकान बंद हो रहा था. बचा हुआ जो भी उसके पास समोसा था, उसने दे दिया. तब तक हम लोग बाइक को सही जगह पर पार्क कर लिए, फिर अपने कमरे की सफाई में लग गए अपने उपलब्ध साधन के साथ. घर मालिक बौद्ध धर्मावलंबी थे उनका घर बस्ती में था जो गोम्पा (बौद्ध मंदिर) के पास था. अभी हम लोग जहां थे वहां से गोम्पा स्पष्ट दिख रहा था जो घाटी में अवस्थित था. गृह स्वामी ने हमें घर बनाने के लिए जमा किया हुआ पानी जो एक बड़े से टंकी में रखा था. उपयोग करने की अनुमति दे दिए थे.

हम लोग भी स्वामी का आभारी मान रहे थे. धीरे-धीरे शाम रात में बदल गई, सड़क पर रोशनी थी. घर में भी एक बल्ब था जो हमारी आशा के विपरीत था. हम लोग बाइक पर से अपने

अपने सामान घर में ले आए. सबसे पहले प्लास्टिक जो हमने बरसात से बचने के लिए सामान को ढक रखा था, नीचे बिछाया फिर ऊपर से कमरे के एक तरफ बेडिंग लगा डाल दिया दूसरी तरफ से शशि जी और मोनू खाना बनाने का जुगाड़ करने लगे. मैं, गुंजन, विकास जी और कौशल जी प्राकृतिक झरना से पानी लाकर सारे बोतल और डब्बा भर दिये.

मोनू, शशि जी और विकास जी खाना बनाने में लग गए, किसी ने प्याज काटा तो किसी ने आलू छिला. सबसे आसान खाना खिचड़ी चोखा होता है वही बनाया गया. रात होते होते ही ठंड बढ़ गई थी. पानी छूने का मन नहीं कर रहा था. करीब 10:00 बजे तक हम लोग खाना खा लिए थे. मैं और कौशल जी पंद्रह मिनट के लिए बाहर सड़क पर भी गए. फिर 10:30 बजे तक हम सभी लोग सो गए, सोने से पहले गाड़ी को एक दूसरे से बांध दिया था ताकि सुरक्षित रहें. सुबह 5:00 बजे तक सभी लोग जाग गए. अब शौच जाने की बारी थी. कौशल जी, शशि जी साढ़े चार बजे नित्य-कर्म से निवृत हो चुके थे, फिर वे टहलने के लिए भी निकल गए थे. बाकी लोग भी पहाड़ी पर बोतल लेकर शौच के लिए चले गए. पानी तो इतना ठंढा था जैसे लग रहा था हाथ गल जाएगा. सूरज भी निकल चुका था, पहाड़ी पर छोटी-छोटी पत्तियों वाली पेड़ थे, झाड़ियाँ भी थी. नीचे घाटी बहुत हरी-भरी दिख रही थी.

गुंजन और विकास जी सुबह-सुबह ठंडे पानी से ही बर्तन धो दिए और मोनू और शशि जी नाश्ता मतलब **मैगी** बनाने में लग गए, फिर चाय भी बनाई गई. हम लोग गृह स्वामी को धन्यवाद बोलते हुए, करीब 8:30 बजे आगे के लिए निकल पड़े. रास्ते में ठंड नहीं लग रही थी, धूप तेज था, हम लोग हाथ और

खुले फेस पर कोल्ड क्रीम भी लगा लिए थे, आंखों पर चश्मा भी लगा रखा था. करीब 2 घंटे की यात्रा के बाद हम लोग **नामिका ला** पास पहुंच गए, **पास** पर पहुंचने पर बर्फ पर पड़ने वाली सूरज की रोशनी सीधे आंखों पर आ रही थी, अब ठंड भी लग रही थी. दस मिनट रकने के बाद हम लोग फिर आगे बढ़ गए. करीब एक डेढ़ घंटे की जर्नी के बाद एक और पास **फोटू ला** पर पहुंच गए थे यहां भी ठंड बहुत थी, यहां बर्फ का नामोनिशान नहीं था लेकिन दूर पहाड़ पर बर्फ चमकते हुए दिख रहा था. अभी तक हम लोग तीन **पास** से गुजर चुके थे. सभी **पास** पर बीआरओ का पत्थर या टीन का बोर्ड लगा होता है, जिस पर बीआरओ, **पास** का नाम और समुद्र तल से उसकी ऊंचाई लिखा होता है.

आगे बढ़ने पर अब हमें मिट्टी का पहाड़ या कहें धूल का पहाड़ मिल रहा था. पहाड़ कहने भर से ही दिमाग में चट्टानों के पहाड़ की कल्पना होती है किंतु यह तो मिट्टी का पहाड़ था, बालू और धूल का पहाड़ था, यह वीरान था कोई हरियाली नहीं दूर दूर तक. बड़े-बड़े टीले.

एक जगह हमें इन पहाड़ों पर बहुत टूरिस्टों की भीड़ दिखी, पता चला कि वहां मोटर युक्त ठेला नुमा गाड़ी पर टूरिस्टों को बैठाकर पहाड़ी पर फिसलन करवा रहे है थे इसके लिए ₹300 प्रति सवारी ले रहे थे. मैं और विकास जी पैदल ही कुछ ऊंचाई तक गए और हम लोग खुद फिसल रहे थे. जबकि और लोग वहां तराई में बैठकर भूंजा हुआ भुट्टा खा रहे थे. बाद में गुंजन भी ऊपर रेतीले पहाड़ पर चढ़कर फिसल रहा था. अब तक 2:00 बज गए थे. इधर खाने के लिए कुछ नहीं था हमें भूख लग रही थी किंतु रास्ते में हमें एक छोटा व्यू प्वाइंट मिला, जो

कंक्रीट से बना हुआ था, ऊपर छतरी नुमा छत बना था. हम लोग वही रूके. रास्ते के सबसे सुलभ और घर का नास्ता **'सत्तू का शरबत'** के लिए. गुंजन और शशि जी सत्तू का शरबत बनाने के लिए सारे सामान और बर्तन निकालें, मैं, विकास जी, कौशल जी प्याज और मिर्ची का छोटे-छोटे टुकड़े करने लगे. मोनू और शशि जी सारे को मिलाकर शानदार शरबत हमें पेश कर रहे थे. आज के दोपहर का भोजन यही था हमारे लिए.

आगे बढ़ने पर मुख्य सड़क से हटकर एक सड़क घाटी की ओर नीचे जा रहा था, कौशल जी शशि जी और मोनू को नीचे के गांव में घूमने का मन हुआ, मैं वहीं बैठ गया और बाकी लोग उनके साथ घाटी में घूमने चले गए. मैं वही फोटोग्राफी करने लगा. वे लोग, मिट्टी के बने अंडरपास और गाँव घूमकर करीब आधे घंटे में वापस आए. वहीं बैठा था, उसी समय एक व्यक्ति का पत्ते सहित एक पेड़ का डाल लेकर आया, वही आराम करने लगा, मैं उससे बातें करने लगा. उसने बताया कि यह पेड़ की डालियाँ वे अपने धर्म गुरु (बौद्ध) लामा के स्वागत करने के लिए गांव में ले जा रहे हैं तोरण द्वार बनाने के लिए. मुझे लगा जैसे हम लोग अशोक (एक पेड़) के पत्तों सहित डाल को स्वागत तोरण बनाने में उपयोग करते हैं वे लोग भी इसी तरह का उपयोग करने वाले थे पौधे का. मैं इस बौद्ध महोदय से पूछा अब तो लद्दाख राज्य बन गया है कुछ अंतर है आपके जीवन में ?.उसने बोला मेरे जीवन को कुछ अंतर नहीं आया है, शायद कुछ साल बाद कुछ दिखे.

दोस्तों के आने बाद हम लोग पानी पिए पीये और फिर आगे चल दिए. करीब आधे घंटे चलने के बाद हम लोग एक अजीब **लूप** टाइप के रास्ते पर थे, यह रास्ता हमें लूप के सहारे,

जैसे हेयर-पिन होता है उसी प्रकार, इस लूप रास्ते को 'हंगरू लूप' नाम हैं, इस टेढ़े-मेढ़े रास्ते, करीब पंद्रह-बीस लूप के रास्ते से हम लोग एक बड़े पहाड़ी को पार कर रहे थे, कौशल जी और विकास जी की बाइक हमसे चार-पांच लूप आगे चल रहा था. करीब 2:00 बजे के आसपास हम उस पहाड़ी को लांघते हुए **मैग्नेटिक हिल** के पास सड़क पर पहुंचे. वहां पहले से ही कई बाइक और कार वाले अपने अपने बाइक और कार पर मैग्नेटिक खिंचाव का प्रयोग कर रहे थे. हमने अभी अपनी बाइक को उस जगह बंद कर दिया और पाया कि बाइक अपने आप पीछे की ओर जा रही है हम लोग करीब आठ-दस मिनट इस तरह मनोरंजन करते रहे.

हम लोग लेह के नजदीक पहुंच रहे थे, हमें 'हौल ऑफ़ फेम' भी मिला जो सैनिको के याद में बनाया गया है, हम लोग अंदर नहीं गए, वहीँ बाहर से फोटो खींच लिए. चुकि हम लेह के नजदीक थे, मैं श्री विकास कुमार, जो इंडियन आयल के स्टाफ है, जो हमारे लिए लेह में ठहरने की व्यवस्था देख रहे थे, को फोन किया. वह हमें लेह से करीब पांच किलोमीटर पहले ही रिसीव कर **होटल माउंट इको**' ले गए. जैसे ही हम लोग बाइक पार्क कर पर होटल की लॉबी में पहुंचे, वहां पहले से ही श्री याशीर (088992 33020) होटल के मालिक हमारे स्वागत के लिए प्रस्तुत थे, वह हम सबको सफेद रंग के पट्टे पहनाकर स्वागत किए , जैसे कि हम लोग कुछ बड़ा काम करके आए हो. हम लोग उनके स्वागत से भाव विभोर थे. इसके बाद हमें कहवा पेश किया गया, यह **कहवा** डल लेक के कहवा से बहुत अलग था. उसकी तुलना में बहुत अच्छी थी कहवा के साथ-साथ हमें ड्राइ फ्रूट्स दिया गया.

यह होटल दो मंजिला है और यह लेह के मुख्य बस स्टैंड के बगल में ही है. यह होटल नई होटल है. यहां तक कि इसके बोर्ड भी नहीं लगा था. एक दिन के बाद हमारे सामने ही साइन बोर्ड लगाया गया. श्री यशवीर जी ने हमें लेह के बारे में बताया, अपने व्यवसाय के बारे में बताया, उन्होंने बताया कि यहां होटल व्यवसाय मुख्य व्यवसाय है और यह मात्र चार महीने मई से अगस्त तक ही चालू हालत में रहता है, बाकी समय ठंड की वजह से पूरा लेह ही बंद रहता है. श्री यशवीर जी खुद भी उस समय काश्मीर चले जाते हैं.

मैं लेह में ठहरने की शानदार व्यवस्था के लिए श्री जितेंद्र असाती, डायरेक्टर, वित्तीय सेवाएं विभाग का कृतज्ञ हूं. मैंने नाबार्ड अधिकारी, जिसे मैं ऑफिसयली देखता हूँ, को इस लंबे रूट के लिए कहीं भी रुकने की व्यवस्था करने के लिए बोला था, उन्होंने मना कर दिया था. श्री असाती जी के सौजन्य से हमें **होटल माउंट इको** में अलग-अलग तीन कमरे दिए गए, हमारे सामान भी कमरे में पहुंचा दिए गए. अब तक करीब शाम के 5:00 बज चुके थे. कुछ नमकीन, पकौड़े और चाय कमरे में सर्व किये गए, हम लोग एक ही कमरे में नाश्ता किए. इसके बाद हम सभी आराम करने चले गए. कौशल जी और गुंजन कुछ ज्यादा ही आराम करने लगे. उनकी आंख लग गई. लेकिन मोनू तो अभी भी ऊर्जावान था वह नाश्ता करते हैं बाजार चला गया घूमने के लिए करीब एक घंटे के बाद आया.

फिर मैं, मोनू, विकास जी और शशि जी **शांति स्तूप** देखने चले गए, जबकि गुंजन और कौशल जी आराम करते रहे. हमें बताया गया था कि सूर्यास्त के समय देखने में **शांति स्तूप** का दृश्य बहुत ही दर्शनीय लगता है. हालांकि हमें पहुंचने में देर

हो गई थी. दूधिया रोशनी चारों तरफ फैल गई थी. शांति स्तूप सफेद गुंबद नुमा आकृति है और इसमें **भगवान बुद्ध** की बड़ी प्रतिमा रखी है. कृत्रिम दूधिया रोशनी में यह गुंबद और चमक रहा था. गुंबद पर अनेक कला कृतियां भी बनाई गई थी. चुकि गुंबद बहुत ऊंचाई पर थी, वहां से पूरा शहर दिख रहा था. हम लोग वहां करीब आधे घंटे रुके, फिर वापस आ गए. वापस होटल में पता लगा कि बाप बेटा पस्त हो गए हैं, उन्हें बुखार हो गया है. वह खुद ही मेडिकल प्रैक्टिशनर है सो दवा के लिए किसी से पूछने की जरूरत नहीं थी.

होटल में ही ग्राउंड फ्लोर में या बेसमेंट पता नहीं चलता, इस तरह के पहाड़ी जगह पर. खाने के लिए रेस्टुरेंट हैं, वहां हम लोग भेज-नानवेज अपने स्वादानुसार खाने का आर्डर दे दिए, कौशल जी, मोनू और विकास जी शाकाहारी खाना लिया, जबकि मैं, गुंजन और शशि जी चिकन, रोटी, चावल और अंत में रसगुल्ले. होटल में मात्र दो फैमिली और थी. इसलिए भीड़भाड़ नहीं था. करीब 10:30 बजे तक हम लोग खाना खाकर अपने अपने कमरे में आ गए थे.

10

लेह और आसपास

आज दिनांक 4 जून 22 को हमारा प्लान लेह पैलेस, थिस्के मोंटेसरी, रेंचो स्कूल और माथो जाना था. मैं और मोनू एक कमरे में थे. मैं पांच 5:30 बजे जाग गया, हमारे कमरे की साइज करीब 15 x 20 फीट रहा होगा, हालांकि कमरे में सामान रखने के लिए अलमीरा था, अधिकतर सामान हमने अलमीरा में रख भी दिया था, फिर भी जूते, गम बूट, जैकेट जैसे कुछ सामान बाहर ही बिखरे थे. कमरे में बड़ा सा मिरर भी था. कमरे में पंखा नहीं था और न ही कहीं एसी दिखा. मौसम सुहाना था. हमें रात में बहुत ठंड नहीं लग रही थी. एक रजाई ही काफी था. खिड़की शीशे के थे, उसपर परदे लगे थे. जिससे हमारा कमरा पूरा पैक था. अभी तक हमें दिल्ली जैसी ठंड का अनुभव नहीं हुआ था. हां तो मैं सुबह जागकर आज योगा भी कर लिया 15-20 मिनट. मोनू भी जाग गया था. मोनू जागते ही अपने कपड़े धोने में लग गए. गर्म और ठंडा पानी आ रहा था. अपने कपड़े सुखने के लिए मोनू होटल के खुले छत पर डाल दिया. कौशल जी और गुंजन आज देर रात तक सोते रहे. लेकिन जागने के बाद वे भी ठीक-ठाक महसूस कर रहे थे. तबीयत ठीक लग रही थी उनकी. विकास जी और शशि जी दूसरे कमरे मे थे

हम सभी लोग नहा धोकर 8:30 बजे नाश्ता के लिए निचले तल के रेस्टोरेंट में चले गए. वहां आलू पराठा, ब्रेड बटर, ब्रेड आमलेट, चाय कॉफी, रोटी सब्जी, सब था. अपने अपने चॉइस के अनुसार हमने भरपेट नाश्ता किया, क्योंकि दोपहर

का पता नहीं था क्या खाएंगे और क्या मिलेगा. सूरज भी तेज चमक रहा था, आसपास के झाड़ीनुमा पौधे हरे भरे थे, चिड़ियों की चह-चहावट की आवाज भी आ रही थी. लेकिन लग रहा था कि ठंड का मौसम है. हम लोग जैकेट चश्मा लगाकर पूरी तरह फिट थे. लेह में कई मोंटेसरी अर्थात बौद्ध मठ है लेकिन हमारा टारगेट थिस्के मोंटेसरी ही था. हम सबसे पहले **लेह पैलेस** गए. यह एक बड़े से पहाड़ी पर बना है, हम लोग करीब 10:00 बजे लेह पहले पहुंचे थे, यह सुबह 7:00 बजे से 7:00 बजे शाम तक खुला रहता है, इसका इंट्री टिकट एक मात्र ₹15 प्रति व्यक्ति है, विदेशी यात्री के लिए अलग लगता है. इस समय गर्मी तेज हो गई थी. हम सभी अपने अपने जैकेट निकाल कर कंधे पर रख लिए थे. कौशल जी, शशि जी, विकास जी और गुंजन पांच मिनट पहले पहुंच गए थे, ये हमारे लिए टिकट भी खरीद लिए थे. बहुत ही पुरानी बिल्डिंग है. इसमें लकड़ी और बांस बहुत उपयोग हुआ है, यह आठ मंजिला बिल्डिंग है, कमरे एक दुसरे से जुड़े हैं. यह पैलेस बाहर से सफेद रंग से पेंट किया हुआ है, जबकि अन्दर मिटटी से पुताई करने के बाद उपर से चुना से पुताई लग रहा था. भारत के अन्य भाग के राजा महाराजा के महलों से यह महल एकदम अलग है.

एक बात और इसमें अंदर गर्मी नहीं लग रही थी एक कमरे में लेह पैलेस के राजाओं का तस्वीर भी लगा था, कमरे छोटे बड़े सभी तरह के थे. यहाँ पूजा घर भी था, तो तीन-चार फ्लोर पर खुली जगह भी, जहां 40-50 लोग आराम से बैठ सकते हैं और ऊपरी छत से नीचे पूरे शहर को देख सकते हैं. महल के अंदर एक से दूसरे छत पर जाने के लिए सीढ़ियाँ लगी थी जो लकड़ी और बांस की बनी है. यह एक महत्वपूर्ण पर्यटक स्थल

है. एंट्री गेट पर गाड़ियों की पार्किंग तितर-बितर था. लेह पैलेस को और ज्यादा आकर्षक बनाने की जरूरत है. बहुत ज्यादा पर्यटक एक साथ आने से भी पैलेस को खतरा हो सकता है. करीब एक घंटा हम लोग वहां रहे हमें प्यास लग रही थी, बाहरी गेट पर ही एक छोटा सा गुमटी सा दुकान है जहां आप बीड़ी, सिगरेट, बिस्किट, पानी ले सकते हैं, शशि जी भी दो बोतल पानी ले लिए थे.

लेह पैलेस से चलने के बाद हम लोग करीब 1 घंटे में **थिस्के** मोंटेसरी में थे, यह मांटेसरी एक पहाड़ी पर अवस्थित है यह मुख्य सड़क से सबसे करीब 100 फीट की ऊंचाई पर है, हमारी बाइक कुछ ऊंचाई तक चली गई, फिर वहां से हम लोग पैदल गए। मोंटेसरी की सीढ़ियां करीब दो-दो फीट की ऊंचाई की थी, पत्थर की सीढ़ियाँ है, गेट पर कुछ भिखारी भी बैठे थे और कुछ लोग उन्हें दान देकर पुण्य भी कमा रहे थे. गेट पर सिक्योरिटी गार्ड भी थे. ऊपर पहुंचने पर पता चला यहां गुफानुमा मंदिर है जिसमे इंट्री फ़ीस ₹50 प्रति व्यक्ति लग रहा है, हमने भी टिकट लिया. अंदर महात्मा बुध की विशाल प्रतिमा थी, हम सभी ने मत्था टेका और परिक्रमा किया, मंदिर से बाहर आने के बाद मंदिर का परिक्रमा किया. मंदिर के बाहरी दीवार पर कुछ पत्थर के छोटे -छोटे टुकड़े, जिसको हमलोग **झिटका** भी कहते हैं, दिखाई दिए, जो एक दूसरे पर रखे हुए थे. मोनू किसी से इसके बारे में पूछा तो पता चला एक दूसरे के ऊपर रखे पत्थर सौभाग्य और आलीशान भवन का प्रतीक है, जो व्यक्ति जितना पत्थर (आकार 2-3 इंच का रहा होगा) एक दूसरे पर रख पाएगा उसका घर उतने मंजिल का बनेगा. हम लोग भी चार-पांच पत्थर से छोटी अटेलिका बनाया.

भगवान बुद्ध को नमस्कार करने के बाद हम लोग **थ्री इडियट** के शूटिंग स्कूल, रेंचो स्कूल में गए. मोनू और गुंजन इसके लिए कुछ ज्यादा उत्साहित रोमांचित थे. यहां लद्दाख टूरिज्म के ऑफिस और एक रेस्टुरेंट भी था, हालांकि खाने का कोई प्रबंध नहीं दिखा किंतु चौमिन, ब्रेड, चाय, कॉफी उपलब्ध था, यहाँ करीब तीन-चार सौ पर्यटक अवश्य होंगे. स्कूल के मुख्य भाग को एक इस शूटिंग प्लेस से तार के जाली से घेर कर अलग कर दिया गया था. स्कूल की बिल्डिंग चार मंजिला था और पीले रंग के पेंट रंगा था. यहाँ **थ्री इडियट** के गाने *जब लाइफ हो आउट ऑफ कंट्रोल तो होठों को करके गोल सीटी बजा के बोल ऑल इज वेल* के शूटिंग के सारे सामान को प्रदर्शित किया गया था, चूतड़ के शेप के बेंच पर बैठकर सभी लोग फोटो खिंचवा रहे थे, कोई ड्रम में घुसकर फोटो खिंचवा रहा था, कौशल जी तो पेशाब करते हुए सीन का भी फोटो खिंचवायी. कभी मैं विकास जी और शशि जी के साथ फोटो खिंचवाया, तो कभी मोनू के साथ. स्कूल का मूल नाम "ड्रूक पदमा कारपो स्कूल" है, थ्री इडियट के बाद रेंचो स्कूल के नाम से फेमस हो गया.

रेंचो स्कूल से निकलने के बाद हमारा आज का अंतिम पड़ाव लद्दाख के सांसद श्री नांग्याल के गांव **माथो** था. गूगल के सहारे हम लोग करीब एक घंटे में माथो के गोम्पा में थे. माथो जाने वाली सड़क करीब दस फीट चौड़ी अलकतरा की बनी है, सड़के ऊँची नीची किन्तु अच्छी कंडीशन में है. सड़क से हमें एक-दो जगह प्राकृतिक झड़ना की तरह पक्की नाली भी मिला, जो सड़क के एक तरफ से दूसरी तरफ बह रही थी. इसमें पानी स्वच्छ था. सड़क के दोनों तरफ खेत था, लेकिन खेत में कोई फसल नहीं था. अब तक 2:00 बज चुके थे। माथो लेह से करीब

25 किलोमीटर दूर दक्षिण दिशा में अवस्थित है. यह तीन तरफ पहाड़ियों से घिरा है. यहां बहुत ही विरल आबादी रहती है. मुझे नहीं लगता है सौ परिवार भी यहां रहते होंगे और अधिकतम आबादी 300 होगी. माथो गांव लेह जिले के चुहुट ब्लॉक में पड़ता है. यह गांव चारों तरफ शानदार पक्की रोड से घिरा है. यहां की मुख्य पेशा खेती है. यह गाँव कम से कम 4 से 5 किलोमीटर फैला हुआ है. यहां के निवासियों के घर एक दूसरे से दूर बने हैं और खेत सीढ़ीनुमा हैं | गाँव के आस पास के खेतों में मक्के, बाजरे का फसल दिखाई दे रहा था.

यहां के निवासी बौद्ध धर्म को मानते हैं. यहां के मंदिर को गोम्पा कहा जाता है. माथो गोम्पा इतना बड़ा बिल्डिंग है कि माथो की पूरी आबादी उसमें आ सकते हैं. गोम्पा सबसे ऊंची पहाड़ी पर स्थित है, इसके बड़े से हॉल में भगवान बुद्ध का प्रतिमा है. इसी इमारत में पुजारी को रहने व्यवस्था है, गोम्पा के ऊपरी छत पर पतले पतले मीनार सा आकृति बना है जिस पर सोने की परत चढ़ी है, जो दूर से चमकता रहता है . पास ही बहुत बड़े लकड़ी के खंभे पर बौद्ध धर्म का झंडा, जो अनेक रंगों का होता है, लहराते रहता है. इस गांव में प्राथमिक विद्यालय है, यहां **जम्मू और कश्मीर ग्रामीण बैंक** का ब्रांच भी है. यहां के निवासी हिंदी भाषा समझ रहे थे और बोल भी रहे थे हालांकि बोलने का टोन थोड़ा अलग उर्दू सा था. हमें यहां परचून की दुकान भी दिखाई दिया जिसमें बिस्किट, नमकीन, लेज इत्यादि बेचा जा रहा था. हम लोग माननीय सांसद श्री नाग्याल के घर गए, बड़े से अहाते में मकान था. गेट और अंदर के दरवाजे सारे खुले थे. घर में किसानी के सामान जैसे कुदाल, खुरपी, पंप इत्यादि रखे थे लेकिन वहाँ हमें कोई नही मिला. हमने कई आवाज लगाई किंतु

कोई मिला नहीं. ऐसा लग रहा था घर के सारे लोग खेती के काम से बाहर गए थे. ऐसा भी लग रहा था कि लोगों को चोरी का डर नहीं रहता है इसलिए दरवाजे खुले थे. अहाते में कुछ दूरी पर एक झब्रैला कुत्ता, जिसका रंग काला था, बाल घने थे, रस्सी से बंधा था ,जो हम लोगों को देख कर धीरे आवाज में भो. भों कर रहा था. यहां हम लोगों के घर बड़े से अहाते में बने थे, सारे घर पक्के थे, घरों की दीवार पर स्टर था, यहां हमें पंचायत घर मिला, किसी किसी घर के सामने गाय भी बंधी दिखी थी | यहाँ हमें एक भी मिट्टी का घर नहीं मिला.

माथो से लौटते समय हम लोग बुलेट के सर्विस सेंटर पर गए, वहां बाइक ओयलिंग करवाई . साढ़े चार बजे तक हमलोग लेह में एक सरदार जी के ढाबे पर खाना खा रहे थे. खाना खाने के बाद हम सीधे होटल माउंट इको में आ गए. मैं तो होटल में आराम कर रहा था. किंतु और सभी लोग लेह मार्केट में घूमने और खरीदारी के लिए निकल गए. मोनू अपने लिए टी-शर्ट जिस पर **लेह** लिखा हुआ था. आज मुझे पता चला था कि मेरे दोस्त संजय कुमार मिश्र और प्रदीप श्रीवास्तव भी लेह घूमने आए हुए हैं और लेह में डिफेन्स मिनिस्ट्री के एक इंस्टिट्यूट के गेस्ट हॉउस में ठहरे हुए हैं. मैं और कौशल जी उनसे मिलने गया।

11

नुब्रा वैली और खारदुंगला पास

आज 5 जून 2022 रविवार का दिन है. यहां हमें दिन और दिनांक याद करने के लिए दिमाग पर जोर डालना पढ़ रहा था. हम लोग अपना ऑफिस और कारोबार पूरी तरह भूलकर पर्यटन का आनंद ले रहे थे. हां तो आज का प्लान हमें खारदुंगला पास से होते हुए नुब्रा वैली जाना है. यह लेह से करीब 120 किलोमीटर दूर है . हमने सुबह साढ़े आठ बजे भरपेट नास्ता करने के बाद चलने का प्लान बनाया. आज मैं, कौशल जी और शशि जी सुबह पांच बजे जाकर लेकर ऊंची नीची सड़कों पर टहलने के लिए निकल गए. हम लोग मुश्किल से एक किलोमीटर आगे गए होंगे, एक काले रंग का झबरैला कुत्ता भौकते-भौकते कौशल जी के पैर पर झपट्टा मार दिया, यह तो ईश्वर की कृपा और संयोग था कि कुत्ते का दांत कौशल जी के पैर में नहीं गड़ा, पैजामे में ही रह गया, नहीं तो हमें एक और परेशानी हो जाती. दो-तीन और कुत्ते भी भोंकने लगे. हम लोग फिर वही से वापस आ गए.

निर्धारित समय साढ़े आठ बजे हमलोग अपने होटल से नुब्रा वैली के लिए निकल गए. रोड पर आते ही सबसे पहले अपने -अपने बाइक के पेट्रोल टंकी फुल करवाई, यहाँ पेट्रोल करीब 105 रूपये प्रति लीटर की दर से मिल रहा था. हम लोग जैसे ही लेह से बाहर निकले रोड पर सेक्युरिटी वालों ने रोक दिया, वे हमसे **इनर परमिट** और **पहचान पत्र** मांग रहे थे. मोनू तो यात्रा

से दस दिन पहले ही हम सारे लोग के लिए इनर परमिट बनवा लिए थे और प्रिंट भी हमारे पास थे. सारे फॉर्मेलिटी पूरा करने के बाद हम लोग **नुब्रा** वैली के लिए बढ़ चले. आज भी हम लोग पूरी तरह पैक थे और शरीर के खुले जगह पर भी सनस्क्रीन लोशन लगा लिए थे, काला चश्मा लगा लिए थे. मौसम में ठंडापन था किंतु सुहाना था. हम में से किसी को भी अभी तक सांस लेने में दिक्कत नहीं हुई थी ऊंचाई के कारण. करीब 2 घंटे की पहाड़ी रास्ते पर बाइक चलाने के बाद हम इस रास्ते की सबसे ऊंची जगह **खारदुंगला** पास पहुंच गए. यहां का तापमान 2 डिग्री के आसपास रहा होगा .हम लोग के शरीर में सिहरन पैदा हो रही थी किंतु ठंड जैसी नहीं थी. करीब 10 से 15 मिनट रुक कर हम सभी लोग नुब्रा वैली की ओर निकल गए.

करीब एक घंटे के बाद 12:00 बजे के आसपास हम लोग **डिस्किट** मौन्टेसरी में थे, यहां बुद्ध भगवान की बड़ी सी मूर्ति लगी है जिसको **मैत्री** बुद्धा कहा जाता है, इसकी ऊंचाई 50 फीट रही होगी. यह शानदार मूर्ति गोल्डन और गुलाबी रंग में बना हुआ है. यह तल से 100 फीट ऊंची पहाड़ी पर अवस्थित है. इसके पास जाने के रास्ते में सफेद चुने से रंगा छोटे-बड़े कई गुंबद बने हुए हैं. यह शायद वहां के लोग अपने प्रिय जनों के याद में बनाते हैं. करीब पंद्रह-बीस मिनट तक हम लोग फोटोग्राफी की. पानी पिया और फिर आगे बढ़ गए.

अब हमारे साथ **श्योक** नदी भी चल रही थी. या यों कहें की **हुन्डर** जाने वाली सड़क की एक ओर पहाड़ी तो दूसरी ओर से एक श्योंक नदी थी, नदी में पानी कम और सफेद रेत ज्यादा दिख रहा था. हम लोग रुक रुक कर नदी और सफेद रेत का फोटो भी ले रहे थे. यहां हमें एक पेट्रोल पंप भी दिखा लेकिन वह

भी वीरान सा, न उसके पास कोई आदमी भटक रहा था न कोई गाड़ी, लग रहा था जैसे उसमें पेट्रोल है ही नहीं. मोनू के हेलमेट के माउंट पर अभी भी कैमरा लगा था और रिकॉर्डिंग भी बीच-बीच में हो रहा था. मैं भी अपना डीएसएलआर कैमरा साथ में रखा था कभी-कभी फोटो खींच लेता था. जिसमें हम लोग चल रहे थे **नुब्रा** वैली ही था, यह सब अब तक हमलोग फोटो और फिल्म में देखते थे, आज अपनी आँखों से देख रहे थे, हमें **हुन्डर** पहुंचना था. 2:00 बजे तक हम लोग हुन्डर में थे. चारों तरफ दूर-दूर तक ऊंची ऊंची पहाड़ियां, वीरान पहाड़ियाँ, बीच में सफेद रेत का मैदान | विकास जी, मोनू और गुंजन रेत पर दौड़ लगा कर सफेद और ठंढे रेगिस्तान का मजा लिया. इस सफेद बालू के चादर के बीच से एक पतली सी नदी की धार बह रही थी, मुश्किल से 15 फीट चौड़ाई वाले यह शायद श्योंक नदी का ही एक धारा रहा होगा. पानी इतना साफ था नीचे का जमीन स्पष्ट दिख रहा था, यह मुश्किल से 3 फिट गहरी होगी. इस नदी को पार करने के लिए बीच-बीच में लकड़ी की पुलिया बनी हुई थी जो मुश्किल से 3-4 फीट चौड़ी थी. हम लोग लकड़ी की पुलिया से पार किए और फोटो भी खिंचवाई. बाइक तो जहां तहां खड़ा कर दिए थे, बहुत पर्यटक आए हुए थे कोई कार से, तो कोई बाइक से | यहां हमें दूसरी तरफ झाड़ी नुमा घास का मैदान भी दिखा. यहां बबूल के पेड़ के नीचे चार- पांच दो कूबड़ वाले ऊंट बैठे थे, साथ में तीन चार लोग उनके साथ पास ही बैठे थे. वे लोग बता रहे थे कि शाम में यहां लाइटिंग की अच्छी व्यवस्था होती है और नाच गाना भी होता है. वह लोग अभी आराम कर रहे थे शाम को 4:00 बजे से वे लोग पर्यटक को ऊंट की सवारी कर आते हैं 500 से 800 रूपये में. हम लोग समय की कमी के कारण ऊंट की सवारी से वंचित रह गए.

सूर्य माथे पर था किन्तु आकाश में कुछ बादल भी थे जो धुप-छाँव सा मौसम बना दिया था. भूख महसूस हो रही थी डेढ़ बजे चुके थे. फिर क्या था इन बर्फीले रेत के बीच पत्थर के बने चबूतरे पर बैठकर शशि बाबू और विकास जी अपनी पोटली से सत्तू के सर्बत बनाने के सामान निकाले. गुंजन और मोनू बाइक से सारे बैग, पानी के बोतल उतारकर ले आए. हम सब लोग प्याज मिर्ची, सत्तू के शानदार नमकीन शरबत बनाने में लग गए. यही हमारे रास्ते का भोजन होता था हम सभी ने एक एक गिलास सत्तू का शरबत पिया. कौशल जी ने तो दो गिलास मार लिया. लद्दाख पर्यटन विभाग ने वहां डस्टबिन लगा रखा था प्याज के छिलके और कचरा हम लोग वहीं डस्टबिन में डाल दिए. शरबत पीने से पहले हम लोग नदी के ठंडे पानी में हाथ पैर मुंह अच्छी तरह से धोया, मैं तो साफ पानी देखकर पानी के स्वाद चख लिया. पानी स्वादिष्ट और मीठा था. मुझे नहीं लगता है यहां किसी को वाटर फिल्टर और आरओ लगाने की जरूरत होती होगी. पाकिस्तान बोर्डर के पास **टुकटुक** गाँव हम जा नहीं सके समय की कमी के कारण. करीब 3:30 बजे हम लोग वापसी की ओर चल दिए. हम लोग अपने टारगेट करीब 11 घंटे में, 8 बजे तक अपने होटल माउंट इको में थे।

12

पैंगोंग लेक

पैंगोंग लेक के लिए प्लानिंग करने में हमें बहुत माथा पच्ची करनी पड़ी, पैंगोंग के प्लानिंग में कई पेंच थे जैसे हमें 6 जून को होटल छोड़ना था, पैंगोंग लेक से उसी दिन वापस लौटना था, फिर मनाली के रास्ते में **कारू** में रुकें या वापस लेह होटल में आ जाएं. हमें यह भी बताया गया था कि एक दिन में लेह से मनाली नहीं जाया जा सकता है. अंत में हमने यही प्लान किया कि सुबह 6:00 बजे पैंगोंग लेक के लिए निकल जाना है और उसी दिन वापस आते हुए मनाली के रास्ते में आगे बढ़ जाना है फिर जहां भी रात होगी वहीं रुक जाना है होटल में या लॉज में या अपने टेंट हाउस।

आज 6 जून सोमवार को हम लोग 4:00 बजे ही जाग गए, सारे सामान पैक किए, सारे बोतल में पानी भरा और बाइक पर टाइट करके बांध दिए . 5:00 बजे तक सभी लोग नहा लिये, जब तक सामान पैक हो रहा था, शशि बाबू और विकास जी अकुड़े चने का नाश्ता और सत्तू के शरबत बनाने में लग गए. हम लोग सत्तू के शरबत और चने का नाश्ता करके 6:00 बजे तैयार हो गए चलने के लिए. इंडियन आयल के अधिकारी विकास जी भी आ गए थे, होटल **माउंट इको** के मालिक श्री याशीर भी हमें विदाई देने के लिए तैयार थे, उन लोगों के साथ। हमारे सामान लदे बाइक के साथ, फोटोग्राफी हुई और ठीक 6:30 बजे हम लोग होटल के स्टाफ और इंडियन ऑयल को धन्यवाद देते हुए पैंगोंग लेक के लिए निकल गये।

प्रतिदिन की तरह आज भी हम सबसे पहले अपने बाइक की पेट्रोल टंकी फुल करवाई. आज तो हमारी बाइक पूरी तरह लदा था, करीब तीस-तीस किलो सामान जरूर तीनों बाइक पर थे, पांच-सात किलोमीटर बढ़ने के बाद ही सिक्योरिटी वालों ने हमारी कागजात चेक किए. करीब एक घंटे से डेढ़ घंटे तक हम लोग स्मूथली चलते रहे. लेकिन उसके बाद सड़क टूटी फूटी मिलने लगी, कहीं-कहीं सड़क पर पानी झरने की तरह बह रही थी. सड़क के एक तरफ तो पथरीली पहाड़ियाँ है लेकिन दूसरी तरफ शानदार घाटी दिख रही थी. घाटी पेड़ पौधों से एकदम हरी-भरी और कहीं कहीं सौ फीट नीचे घाटी में धान और मक्के की फसल भी दिख रहा था. अब हमारी बाइक भी जवाब देने लगा था अब हमें उतरकर धक्के देने पड़ रहे थे, कई गाड़ियों के साथ यही स्थिति था चाहे कार हो या बाइक. एक जगह सड़क पूरी तरह टूटी हुई थी, उसे बनाया जा रहा था उस पर रोलर चलाए जा रहे थे, कई जगह इसके चलते जाम भी लग रहे थे. हमें कहीं कहीं पैदल भी चलना पड़ रहा था बाइक में धक्का लगाते हुए. कहीं-कहीं लंबा जाम लग रहा था अब हमें लग रहा था कि सामान के साथ इस सड़क पर नहीं आना चाहिए था. ज्यादा सामान होने के कारण बाइक के इंजन पर ज्यादा दबाव पड़ रहा था.

कारू, शक्ति, चांगला हुए हम लोग 11:00 बजे **डरबक** पहुंच गए. **चांग ला** पास कब मिला हमें पता ही नहीं चला। विकास जी को संदेह हो रहा था कि उनके बाइक में पेट्रोल कम पर जाएगा, इसलिए **डरबक** पहुंचने पर सबसे पहले पेट्रोल के लिए आसपास पूछे. लोगों ने बताया यहां कोई पेट्रोल पंप नहीं है किंतु दुकान में मिल सकता है. मोनू, विकास जी और गुंजन कई

दुकानों में पेट्रोल का पता किया, एक दुकान में ₹200 प्रति लीटर की दर से पेट्रोल मिल रहा था. विकास जी दो लीटर पेट्रोल बाइक में डलवा लिया और निश्चिंत हो गए. **डरबक** एक छोटा टाउनशिप है. यहां चारों तरफ मिलिट्री कैंप दिख रहा था अनेक दुकानें भी थी. एक छोटा रेस्टोरेंट भी था जिसे दो औरतें चला रही थी. वहां हमें चाऊमीन, ब्रेड आमलेट, चाय दूध मिल रहा था. यहाँ याक का दूध भी मिल रहा था ₹200 प्रति लीटर. हम सभी लोग वही हल्का नाश्ता किया. लोग बताते हैं कि 1962 के चीन युद्ध के समय **डरबक** बेस कैंप हुआ करता था जो आज भी बना हुआ है. **डरबक** से निकलने के बाद हम लोग चार-पांच किलोमीटर गलत रास्ते पर चले गए फिर वापस आए. गुंजन तो इस रास्ते के दिक्कत से इतने परेशान हो गए कि यहां तक बोल दिया कि अब दोबारा नहीं आऊंगा इधर. फिर आगे बढ़ने पर हमें पतली सड़क, करीब 10 फीट चौड़ी, मिली, जो करीब 15 किलोमीटर तक होगा. सड़क के दोनों तरफ बड़ी-बड़ी घास की झाड़ियाँ दूर तक दिखाई दे दे रही थी.

आखिर हम एक बजे पैंगोंग लेक पर थे. कौशल जी, शशि जी, विकास जी और गुंजन हम से 10-15 मिनट पहले ही पहुंच गए थे और वह पैंगोंग लेक का मजा ले रहे थे. पैंगोंग लेक पहुंचते हैं सारे परेशानियां और शिकायतें गायब हो गई. सभी लोग इतनी बड़ी झील देखकर और अपने लक्ष्य को प्राप्त कर बहुत रोमांचित हो रहे थे. यहां लेक पर भी 3 इडियट्स के सीन स्कूटर, चूतड़ सेप वाला बेंच था, लोग वहां बैठकर फोटो खिंचवा रहे थे. यहां कई सज्जा-धजा याक भी था. बौद्ध धर्म के अनेक पचरंगा झंडा रस्सी में लटका कर लम्बी बांस से बांधकर लेक

को सजाया गया था. कौशल जी, विकास जी, गुंजन सभी ने याक पर बैठकर फोटो खिंचवाई कुछ पैसे देकर. यहां ड्रेस भी दिया जा रहा था फोटो खींचने के लिए. हम लोग पैंगोंग लेक में अंदर पानी में भी गए. पानी बहुत ही ठंडा था लेकिन एकदम स्वच्छ और साफ. दूर-दूर तक लेक फैला था हमें नहीं पता चला फिंगर 5 फिंगर 8 जहां (गलवान में) चीन ने हमला किया था कहां है ? पैंगोंग लेक दूर-दूर तक दिख रहा था. पूरा लेक नीला आकाश की तरह दिख रहा था, बहुत दूर पहाड़ियां भी दिख रही थी और पहाड़ियों पर बर्फ चमक रहा था, दृश्य बहुत ही मनोरम और मनमोहक लग रहा था. यहां झाल-मुड़ी भी बेचा जा रहा था साइकिल पर रखकर. हम लोग झाल-मुड़ी खाए.

करीब 2:00 बजे हम लोग वहां से वापस के लिए चल दिए. 1 घंटे की जर्नी हम लोगों ने की होगी और **डरबक** पहुंचने वाले थे, उससे पहले पता चला कि गुंजन का जैकेट गिर गया. गुंजन और कौशल जी फिर वापस जैकेट को ढूंढने गए, तब तक हम लोग वही एक होटल में बैठकर खाना खाए. खाना में था - मोटा चावल, पानी वाला दाल, आलू टमाटर की सब्जी, प्याज, मिर्ची और आचार. बाद में वे लोग भी वापस आए लेकिन बिना जैकेट के.सभी लोगों ने खाना खाया, जो भी उपलब्ध था.

लौटते समय हम लोग जैसे ही **डरबक** आगे बढ़े, रास्ता तो पहले से ही खराब था, हमें बार-बार उतरकर बाइक को धक्का देना पर ही रहा था, अब तो सड़क पर बहुत पानी आ गया था, गर्मी के कारण बर्फ के पिघलने के कारण सारा पानी सड़क पर आ गया था, सड़कें तो टूटी हुई थी ही, कीचड़ सना पानी से पूरी तरह भर गया था, पानी में तेज धार थी, अब हमारे

गमबूट काम आ रहे थे. कई जगह पानी के कारण सड़क पर जाम लग गया. हमें कई कारें और बाइक भी खराब स्थिति में दिखी. लोग परेशान थे. शाम हो रही थी.

फिर भी करीब 6:00 बजे तक हम लोग कारू, लेह पेट्रोल पंप पर थे.

13

लेह-मनाली राजमार्ग

अब हमारी सबसे कठिन यात्रा प्रारंभ होने वाली थी. पैन्गोंग लेक से तो किसी तरह आ गए, पेट्रोल पंप पर सबसे पहले बाइक की टंकी फुल करवाई, फिर प्रत्येक बाइक के लिए एक्स्ट्रा 5 लीटर पेट्रोल डब्बे में भरवाया और बचे सारे बोतल में पानी भर लिया. लेह-मनाली हाइवे 430 किलोमीटर लंबी है जिसमें 365 किलोमीटर तक कोई पेट्रोल पंप है. रास्ते भी वीरान है इसलिए हमने पूरी तैयारी करके सामान सभी बाइक पर अच्छी तरह टाइट करके बांध लिया था.

हम लोग शाम 6:20 बजे तक मनाली के लिए चल दिए, हमें पता था हम लोग एक घंटे से ज्यादा नहीं चल पाएंगे, रात हो जाएगी फिर भी हमारी योजना यही थी कि जहां भी रात हो रुक जाना है. अंधेरा तो 50 किलोमीटर चलने के बाद ही हो गया किंतु कोई जगह या गांव नहीं मिल रहा था जहाँ रुका जा सके. यह रास्ता बहुत खतरनाक दिख रहा था, यहां पहाड़ियों को काटकर सड़क बनाया गया था, कहीं कहीं तो सड़क ऐसी थी जैसे सड़क के ऊपर पहाड़ी का छत हो. सड़क के साथ पहाड़ी नदी भी बह रही थी, जो हर-हर झड़-झड़ की तेज आवाज कर रही थी, नदी के किनारे बड़े-बड़े जंगली पेड़ नदी को ढके हुए था. अँधेरा के कारण और डरावना लग रहा था. सड़क पर कहीं रोशनी दिखाई देती थी कहीं नहीं. गाड़ी अभी इक्की दुक्की चल रही थी. मेरी

बाइक सबसे आगे थी फिर कौशल जी-शशि जी की और सबसे पीछे विकास और गुंजन की. अक्सर हम लोग सौ से डेढ़ सौ मीटर की दूरी पर चल रहे थे किंतु एक बार कौशल जी और गुंजन की बाइक नहीं दिखी. यहां मोबाइल नेटवर्क कभी काम कर रहा था कभी नहीं. फिर मैं और मोनू कुछ देर रुक कर दोनों बाइक का इंतजार किया. 10 मिनट में सभी लोग साथ हो लिए. करीब आठ बजे हम एक गांव मिला **लाटो,** यहां एक ढाबा पर हम लोग रुके, ढाबा बुजुर्ग पति-पत्नी चला रहे थे. वहीं रुक कर हमने मुआयना किया, उसी के पीछे घास का मैदान था. ढाबे वाले का बगल में घर भी था जो लौज की तरह किराए पर दे रहे थे ₹800 प्रति व्यक्ति. हम लोग घास के मैदान पर टेंट लगाने की बात की, वे तैयार हो गए उन्होंने इसके लिए कुल ₹400 किराया ली और यह भी शर्त रखा है कि खाना उन्ही के ढाबे पर खाएंगे. हमें कोई आपत्ति नहीं थी.

जैसे ही उन्होंने हमें टेंट लगाने की अनुमति दी हमने अपने बाइक मैदान में पार्क की, वहां पहले से भी कई बाइक और कारें खड़ी थी. वहां स्ट्रीट लाइट की रोशनी तो आ रही थी किंतु धीमे-धीमे. हमने अपने मोबाइल टॉर्च और अपने लाइट जलायी, मोनू के मोबाइल का चार्ज खत्म हो गया था उन्होंने ढाबे वाले के यहां चार्ज में लगा दिया. गुंजन और विकास जी जल्दी से टेंट बैग से निकाले. शशि जी और कौशल जी टेंट को खोल कर मैदान पर फैला दिए. शशि जी हथौड़े और कील निकाल लिए. सभी ने मिलकर दोनों टेंट पास में खड़ी कर दी. हमें टेंट लगाने का पुराना अनुभव था सो करीब 20-25 मिनट में हमने टेंट को अच्छी तरह खड़ी कर दी. एक तरफ आसमानी कलर वाला तो

दूसरी तरफ गुलाबी वाला. टेंट के अंदर गद्दे भी डाल दिए, अपने अपने कीमती सामान टेंट के अंदर रख दिया.

रात के 10:00 बज गए थे. हम लोग टेंट का गेट बंद कर खाना खाने के लिए बाबा के ढाबा पर आ गए, इन्होंने अच्छा सा सादा खाना बनाया था, रोटी, सब्जी, चावल, दाल, प्याज़ के सलाद, मिर्ची सब था. रोड भी शांत हो गया था, खाने में कोई डिस्टरबेंस नहीं था. हम सब ने भरपेट खाना खाया और कल सुबह के लिए आलू पराठा बनाने के लिए आर्डर भी दे दिया. लद्दाख के इस एरिया में हमें जान माल का कोई भय नहीं सता रहा था. 11:00 बजे तक हम लोग अपने-अपने टेंट में थे. अब ठंड भी बढ़ गई थी. अभी नींद आ ही रही थी कि बूंदाबांदी शुरू हो गया. हम लोग जल्दी से उठकर बाइक पर सामान को अच्छी तरह से प्लास्टिक से ढका, फिर हम लोग सो गए. सुबह 5:30 बजे हम लोग जाग गए थे और कौशल जी और शशि जी पहले ही जागे थे, वे लोग फ्रेश होकर ब्रश कर रहे थे, लॉज के पास ड्रम में पानी रखा हुआ था, उसी से पानी लेकर हम लोग कुल्ला वगैरह कर रहे थे. ढाबे वाले बाबा ने हमें गर्म पानी भी उपलब्ध करा दिया था बाथरूम में. तो हम सब ने नहा भी लिया. 8:00 तक हम लोग अपने टेंट समेटकर बैग में डाल चुके थे और अपने अपने बाइक पर सामान भी बांध चुके थे. बाबा भी हमारे लिए आलू पराठा आचार तैयार कर रखे थे, हम लोग नाश्ता किये, हम सभी ने नी गार्ड, लेग गार्ड इत्यादि सभी अच्छी तरह बांध लिए थे और करीब 8:30 बजे **लाटो** से निकल गए. आज का हमारा टारगेट बहुत लंबा था आज हमें कोई पेट्रोल पंप पर जाकर बाइक में पेट्रोल नहीं भरवानी थी, क्योंकि पेट्रोल पंप था ही नहीं. हमें कुल्लू जाना था अपने दोस्त विकास लक्ष्मण कुमार

जी के पास, जो सेंट्रल बैंक में मैनेजर है, मोनू उनसे संपर्क साधा था और वह हमारी अगवानी के लिए तैयार थे.

हम लोग कठिन रास्ता **रोहतांग** पास से ना जाकर **अटल** टनल जो 2020 में खुला था से मनाली जाना तय किया था. हम लोग लाटो से आगे बढ़े, कब **ऊपसिल** आया पता ही नहीं चला, हम लोग करीब 1 घंटे में **गया** होते हुए **रूमस्टे** से आगे बढ़ चुके थे. हमारी अधिकतम स्पीड 40-50 किलोमीटर प्रति घंटा रही होगी. 10:00 बजे हम लोग **टान्लांग ला** पास पर थे, चारों तरफ बर्फ यहां हमें ठंड महसूस होने लगी थी. हमारे साथ व्यास नदी भी चल रही थी, जो कभी-कभी हमें ऊंचाई से दिखाई दे जाती थी, करीब डेढ़ घंटे में हम लोग **लाचुन्गला** पास पर थे, अब हमें बहुत ज्यादा ठंड लग रही थी, चारों तरफ बर्फ ही बर्फ. बर्फ के धार ऐसे जमे थे जैसे सफेद धागा लटका दिया गया हो. बर्फ पिघलने के कारण रोड पर पानी भी था, हालांकि बहुत जगह सड़क के किनारे पहाड़ वाले साइड कच्ची नाली बनी हुई थी, जिससे पानी सड़क पर नहीं फ़ैल रहा था. हमारे पास ठंढ से बचने के जितने में भी साधन थे, हम लोग पहन लिए थे, यहां हमें माईनस दस डिग्री वाला जैकेट काम आ रहा था, हमें तो लग रहा था वह भी फेल हो गया है. गुंजन और विकास जी को बहुत ज्यादा ठंड लग रही थी. मोनू तो पहले से ही पैक था. इसी कारण अब हम लोग ठण्ड के कारण **पास** पर भी फोटो खिंचवाने का हिम्मत नहीं कर पा रहे थे, जो भी बाइक पर पीछे बैठे थे वही प्राकृतिक दृश्य को मोबाइल में कैद कर रहे थे. यह सड़क पैन्गोग लेक वाली सड़क के अपेक्षा बहुत अच्छी थी फिर भी हमें ठंड के कारण बहुत ही दिक्कत महसूस हो रही थी. पैरों में भी बहुत ठंड लग रही थी, ऐसा लग रहा था कि हवा सारे कपड़े और

जूते को चीरकर अंदर शरीर को भेद रहा था. शशि जी और कौशल जी एक बाइक पर थे वह सरपट भागे जा रहे थे, उसके बाद गुंजन, विकास जी और अंत में मैं और मोनू. सूरज भी चमक रहा था किंतु सूरज की गर्मी बर्फ से होने वाली ठंड को रोक नहीं पा रही थी. सूर्य चमकते चमकते गायब भी हो गया और वर्षा भी शुरू हो गई. 10- 15 मिनट हवा के साथ बर्फबारी की तरह वर्षा हुई. हमारी स्पीड बहुत कम हो गई थी. रुकने का तो सवाल नहीं था लेकिन हमें बहुत दिक्कत हो रही थी. कभी कभार कोई पर्यटक दिख जाता था लेकिन ज्यादातर रास्ता एकदम शांत था.

करीब 12:00 बजे हम लोग **घाटा लूप** में इंटर कर चुके थे और आकाश भी अब साफ हो चुका था. धूप भी निकल चुकी थी. रूककर हमलोग अपने-अपने रिज़र्व पेट्रोल बाइक में डाल लिये. अब हमें अनेक बाइक और कारें रास्ते में मिल रहे थे. घाटा लूप ऊपर से देखने में ऐसा लग रहा था मानो पंद्रह-बीस आलपिन सजा कर रख दिया गया था. ऊपर से देखने में सबसे नीचे वाला लूप पर की गाड़ियां चींटी की तरह दिख रही थी. कौशल जी और गुंजन की बाइक हमसे दो लूप आगे चल रही थी, हम लोग बीच में रुक-रुक कर वीडियो भी बना रहे थे. लूप पर बसें और ट्रक भी चल रही थी जो मोड़ पर आते-आते बहुत धीरे हो जाते थे और जाम जैसी स्थिति हो जाती थी. चार पांच लूप के बाद एक मोड़ पर खाली प्लास्टिक की बोतलों का अंबार दिखा, यहां एक अर्ध निर्मित मंदिर का ढांचा भी था, किसी ने बताया कि अब भुतहा मंदिर है, बहुत पहले यहां एक ट्रक ड्राइवर का पानी की कमी के कारण प्यास से मौत हो गई थी. हम लोगों को पूरे लूप पार करने में 15 से 20 मिनट लगे.

हम लोग लूप के द्वारा करीब 2 किलोमीटर नीचे घाटी में आ गए थे. घाटा लुक पर हमें कोई बर्फ नहीं दिखा. लूप की सड़कें ठीक थी लेकिन आसपास पहाड़ी पूरी तरह वीरान. घाटा से नीचे आने पर पुलिस चौकी और रोड कंस्ट्रक्शन का ऑफिस दिखा. घाटा लूप पार करने के बाद भी हम लोग लद्दाख में ही थे जैसे जैसे हम लोग आगे बढ़ रहे थे एक नदी भी साथ चल रही थी नदी का नाम '**तसरप**' गूगल से पता चला. करीब आधे घंटे में 1:00 बजे तक हम लोग **सरचू** में थे, यहां हमें सड़क से कुछ दूरी पर नदी के किनारे सफेद रंग की अनेक टेंट खड़े थे, बहुत पर्यटक भाड़े पर कैंप कर रहे थे, कैंप का भाड़ा पंद्रह सौ से तीन हजार प्रतिदिन प्रति व्यक्ति .

जैसे जैसे हम आगे बढ़ रहे थे चारों तरफ दुबारा बर्फ बढ़ रहा था, ठंड भी बढ़ रही थी, कुछ ही देर में हम लोग **बारालाचा** ला पास के पास पर थे. यहां हम कुछ देर रुक कर फोटो खींचे और वीडियो बनाया. जैसे ही पास से नीचे उतरा, गुंजन और विकास जी को भूख महसूस होने लगी. यहां अनेक ढाबा, मतलब 15 बाई 15 फुट के बांस और लोहे के पाइप के ऊपर प्लास्टिक, पुआल से बने छत वाला बिना दरवाजे का घर, सड़क के दोनों तरफ थे, ढाबा चलाने वाले मालिक और नौकर दोनों खुद ही थे, एक ढाबे पर हम लोग रुके, जो भी कुछ उपलब्ध खाना था, खाना खा लिया. खाने में रोटी, चावल, सब्जी. मौसम ठंडा और रुखा था.

करीब 1 घंटे आगे चलने के बाद मेरा पेट गुड़-गुड़ करने लगा, मेरा पेट दर्द कर रहा था. साथ-साथ एक पहाड़ी नदी भी चल रही थी, 50 फीट नीचे इसमें पानी थोड़ा-थोड़ा ही था. ज्यादा परेशानी होने पर मैं मोनू को बाइक रोकने के लिए बोला.

फिर एक बोतल लेकर नदी में उतर गया फ्रेश होने के बाद मैं राहत महसूस कर रहा था. हमें **जिप्सा** में भी बहुत सारे कैंप दिखे. कई जगह सड़कें बनाई जा रही थी. अब हम लोग लाहौल स्पीति से गुजर रहे थे. शानदार सीनरी दिखाई दे रही थी. मनाली पहुचने से कुछ पहले एक पेट्रोल पंप हमें दिखा. यहाँ एक बोर्ड पर लिखा था यहाँ से 365 किलोमीटर तक कोई पेट्रोल पम्प नहीं है. वहां हमने पेट्रोल पंप पर अपने बाइक में पेट्रोल फुल करवाई.

करीब 5:30 बजे तक हम सभी लोग अटल टनल के प्रवेश द्वार पर थे. यहां पर्यटकों की भीड़ लगी थी. यहां लोग रुक-रुक कर फोटो खिंच रहे थे. गुंजन, विकास जी, कौशल जी, शशि जी, मोनू सभी ने फोटो खिंचवाई और सेल्फी ली. अटल टनल के पास इसी समय वर्षा भी शुरू हो गई, फिर हम लोग अटल टनल में चले गए. 10 मिनट में हम **अटल टनल** पार कर चुके थे. टनल के दूसरी तरफ वर्षा नहीं हो रही थी. करीब आधे घंटे में हम लोग मनाली-कुल्लू के सड़क पर थे. यहाँ हम भारी जाम में फंस गए. हमारे तीनों बाइक अलग-अलग जगह पर जाम में फंस गया. हमें कुल्लू के **शीशामाटी** क़स्बा में श्री विकास जी की मकान पर पहुंचना था, सड़क पर इतनी जाम थी कि हमें मनाली से कुल्लू करीब 40 किलोमीटर जाने में 3 घंटे से ज्यादा लग गए. ऐसा लग रहा था कि सारे दिल्ली वाले आज ही कुल्लू आ गए.

हम लोग 9:00 बजे रात को श्री विकास लक्ष्मण जी के घर पर पहुंचे. लक्ष्मण जी अकेले ही थे घर पर. फैमिली दिल्ली में थी. इनका घर पहाड़ी पर था, पहले पचास मीटर तक पहाड़ी ढलान के रास्ते से गये, फिर घर में जाने के लिए सीढ़ियां बनी थी, सबसे पहले हम लोग लक्ष्मण जी के सहयोग से बाइक सही जगह पर खड़ी की , फिर सारे समान उतार कर उनके कमरे में

भर दिया और जूते चप्पल के भंडार घर के गेट के सामने सीढ़ियों पर रख दिया, लक्ष्मण जी हमें बताया कि यह सीढ़ी ऊपर किसी और के घर में जाती है, तब हम लोग सारे जूते चप्पल घर के अंदर रखे, करीब 9:30 बजे खाना खाने के लिए हमलोग कुछ दूरी पर बने ढाबा पर गए. करीब 11:00 बजे हम सभी लोग एक ही कमरे में गद्दे बिछाकर सो गए.

14

कुल्लू और आसपास

आज 8 जून 2022 बुधवार को पूरा दिन हमारे पास कुल्लू में घूमने का था. कल रात में ही सोने से पहले हमने आज के प्लान का अंतिम रूप दे दिया था. हम आज **विश्व समुद्र दिवस** के दिन व्यास नदी में राफ्टिंग करने का प्लान किया. इतनी थकावट और दौड़-धूप के बाद भी कौशल जी और शशि जी सुबह 5:00 बजे जाग गये थे. फ्रेश होने के बाद मैं, कौशल जी, शशि जी के साथ कल्लू के चढ़ाई वाले गलियों में टहलने के लिए निकल गए. आज साथ में लक्ष्मण जी भी थे. आधे घंटे में हम लोग टहलकर वापस आ गए. तब तक मोनू, विकास जी और गुंजन अपने-अपने कपड़े धोकर सूखने के लिए बालकनी में डाल दिए. करीब 7:00 बजे तक हम सभी लोग नहा लिए थे. मैं लक्ष्मण जी के साथ जाकर दूध , ब्रेड, पकोड़े लेकर आ गए. सुबह का नाश्ता करने के बाद हम लोग भ्रमण के लिए निकल गए और लक्ष्मण जी अपने ऑफिस, जो ढालपुर में करीब 500 मीटर की दूरी पर था, जाने की तैयारी करने लगे. हम लोग सबसे पहले शीतला माता मंदिर गए. वहां दुर्गा माता के दर्शन के बाद हम लोग लक्ष्मण जी के बताए अनुसार रघुनाथ मंदिर गए. इसकी भव्यता देखते ही बनती है, बाहर से तो यह लग रहा था जैसे राजा महाराजा का घर हो. यह मंदिर चार मंजिल की है इसकी एक फ्लोर पर लकड़ी के बड़े नक्काशीदार सामान भी बेचे जा रहे थे, बच्चों के लिए खिलौने, की- रिंग इसी तरह की कई चीजे यहां थी. प्रथम तल पर भगवान श्री राम सीता माता की मूर्ति स्थापित है, कुल्लू दशहरा यहीं से प्रारंभ होता है. रघुनाथ जी मंदिर में ठहरने के लिए कमरा भी है जो ₹800 प्रति व्यक्ति प्रतिदिन के

दर से उपलब्ध है. सबसे ऊपरी तल पर काली माता और शनि देव का मंदिर है. यहाँ एक तल पर हमेशा लंगर चलते रहता है, हम लोग यहां पात में बैठकर प्रसाद भी खाया और बर्तन धोकर यथा-स्थान रख दिया फिर कुछ श्रद्धानुसार दान देकर रशीद लिये.

हमने अपनी अपनी बाइक रघुनाथ मंदिर के पास ही खड़े कर दिए. वही सौ-दो सौ मीटर की दूरी पर राफ्टिंग करवाने वाले एजेंट बैठे थे हमने उनसे राफ्टिंग के लिए भाड़ा तय किया. तेरह किलोमीटर की जर्नी के लिए पच्चीस सौ. राफ्टिंग वालों ने हमें रघुनाथ मंदिर के पास से एक कार में बैठाकर **वारसिंग** ले गए, यहीं से राफ्टिंग नाव को व्यास नदी में डालकर राफ्टिंग की शुरुआत होती है. इसके गाइड ने हमारे सारे कपड़े निकलवा दिया, हम लोग हाफ पैंट में आ गए. फिर हमें **लाइफ** जैकेट पहनाया गया टाइट करके. करीब 1 घंटे हम लोग राफ्टिंग की. सभी लोग पूरी तरह गीले हो गए. हमारा मोबाइल नाविक ने एक प्लास्टिक बैग में रख लिया था इसलिए मोबाइल खराब नहीं हुआ. गीले होने के कारण ठंड भी लग रही थी. राफ्टिंग के बाद हम लोग सीधे लक्ष्मण जी के डेरा शीशा माटी आ गए. रास्ते से ही खाना पैक करा लिए थे, अभी 2:00 बजे थे दोपहर के. हम लोग खाना खाने के बाद सेव बागान देखने के लिए **पीज** गांव गए, पीज एक पहाड़ी पर बसा हुआ गांव है. यहां पहुंचने में हम लोगों को करीब 30-35 मिनट लगे, गोल चक्कर घूमते घूमते. पहाड़ी पर सीढ़ीनुमा खेत था जिसमें सेब के बगान लगे थे और पेड़ अमरूद के पेड़ की तरह लग रहा था, पेड़ हरे सेव से लदे थे, एक भी सेव लाल नहीं दिखा. हम एक-दो सेव तोड़ भी लिए बिना किसी से पूछे डरते डरते. चखा भी लेकिन मीठा नहीं लगा.

सेव अभी पका नहीं था. पीज से वापस उतरते समय कौशल जी और शशि जी की बाइक पीछे रह गई थी, एक बार ढलान पर आते समय उनकी बाइक की ब्रेक फेल हो गई, संयोग से कोई घायल नहीं हुआ. जैसे ही हम लोग पीज से वापस आए सबसे पहले कौशल जी की बाइक ठीक करवाई गई. उसके बाद हम सभी लोग लोअर ढालपुर मार्केट में सर्दी के कपड़े खरीदने चले गए, कोई जैकेट तो कोई टोपी, साड़ी तो कोई सलवार सूट के कपड़े खरीदे. सभी लोग कुछ न कुछ अवश्य ख़रीदे. कौशल जी तो दर्जन की दर से मफलर खरीदे, अपने दोस्तों और संबंधियों को बांटने के लिए. करीब 8:30 बजे तक हम लोग वापस डेरा में आ गए. लक्ष्मण जी आज हम लोगों के लिए पनीर की सब्जी बना कर रखी थी, 10-12 रोटी हम लोग ढाबे से लेकर आ गए, दाल चावल बना लिए थे. सारे व्यंजन लाजवाब थे. करीब 10:00 बजे तक हम लोग खाना खा लिए थे कल सुबह भी जल्दी निकलना था इसलिए जल्दी सोने का प्रबंध करने लगे. हमें कुल्लू से दिल्ली करीब पांच सौ किलोमीटर जाना था, जिसमें सौ-डेढ़ सौ किलोमीटर रास्ते पहाड़ी इलाके से गुजर रहे थे.

15

घर वापसी

गुंजन के फुफेरी बहन का तिलक 11 जून को जाने वाला था, इसके अलावे सभी लोग थक भी गए थे घूमते-भागते. अब सब जल्द से जल्द घर पहुंचना चाहते थे. गुंजन जल्दी के चक्कर में दिल्ली पटना ट्रेन में टिकट रिजर्व करवा लिया था. आज नौ जून को हम सब जल्दी जागकर सारे सामान को बाइक पर बांध दिये, खरीददारी की वजह से बैग भी ज्यादा भारी हो गया था. सुबह के नाश्ता करके, मतलब सत्तू के शरबत पीकर, हम लोग सुबह 6:00 बजे दिल्ली के लिए निकल गए. राष्ट्रीय राजमार्ग तीन से होते हुए, साथ में कहीं-कहीं व्यास नदी भी मिल जाती थी, **मंडी** करीब 11:00 बजे पहुंच गए. आज गर्मी बहुत हो रही थी. उमस भी था. करीब 12:00 बजे हम लोग एक रेस्टोरेंट में रुककर खाना खा लिया. अब हम लोग मैदानी क्षेत्र में आ गए थे, बाइक का स्पीड कभी कभी साठ के पार हो जाता था. करीब 5:00 बजे तक हम लोग कुरुक्षेत्र पार कर रहे थे. अब हमारी हिम्मत नहीं थी कहीं घुमने का.

दिल्ली पहुंचते पहुंचते हम राष्ट्रीय राजमार्ग एक पर थे. जैसे ही दिल्ली बॉर्डर पर पहुंचे, हमें लंबी जाम का सामना करना पड़ा,ऐसा लगा जो परसों कुल्लू में जाम किया था वही गाड़ियाँ आज दिल्ली में आ गयी. गुंजन को नई दिल्ली रेलवे स्टेशन जाना था और मुझे फरीदाबाद, इसलिए हम दोनों नेताजी सुभाष **मेट्रो** स्टेशन से मेट्रो पकड़ लिये. उमस और गर्मी से शशि जी और विकास जी की तबीयत खराब हो रही थी. थकावट भी बहुत हो गई थी. जाम के धूल धक्कड़ से किसी तरह निकलते हुए विकास

जी, शशि जी और कौशल जी मोनू के घर **मानसरोवर** पार्क दिल्ली में करीब 8:00 बजे पहुंचे. वहां कुछ नाश्ता पानी कर कौशल जी, शशि जी और विकास जी करीब 10:00 बजे हमारे फ्लैट फरीदाबाद में पहुंचे. मैं 9:00 बजे तक फरीदाबाद पहुंच चुका था. मेरे आने से पहले ही मेरी पत्नी और दोनों बच्चे सभी लोगों के लिए खाना और आराम करने का उचित प्रबंध कर चुके थे. मेरे यहां आते-आते विकास जी और शशि जी की हालत खराब हो गई थी उन्हें डिहाइड्रेशन हो गया था, आते ही हुए सभी लोग एक-एक गिलास ग्लूकोन-डी पीने के बाद 1 घंटे तक आराम किये. इन लोगों को खाने की इच्छा नहीं हो रही थी. किंतु फिर भी हल्का खाना लिया. फिर सो गए. सुबह 10 जून को सभी लोग अच्छे महसूस कर रहे थे. शशि जी और विकास जी की तबीयत ठीक लग रही थी. आज सामान पैक नहीं करना था, बैग भी कम हो गये थे, रात में ही हमलोग पैसे का हिसाब-किताब कर लिया था, एक वेडिंग और एक टेंट हमारे पास छोड़ दिए थे. सुबह मैं कौशल जी अपना सोसाइटी और आस-पास घुमा दिया. करीब 9:00 बजे तक कुछ नाश्ता किया और कुछ पैक भी कर लिये, फिर कौशल जी, विकास जी और शशि जी लखनऊ के लिए निकल गए. तेलीबाग लखनऊ में रात बिताने के बाद सभी लोग 11 जून को 5:00 बजे शाम को निसरपुरा लख पर कुशवाहा मार्केट में पहुंचे, वहां इन सभी के स्वागत के लिए उनके मित्र मण्डली प्रमेन्द्र दयाल, प्रताप लाल, वीरेंद्र कुमार, सिंहा जी और अनेक अन्य दोस्त गेंदा के फूलों के माला लेकर तैयार थे. शशि जी, कौशल जी और विकास जी उनके स्वागत से भाव विभोर हो गए.

****